ミネルヴァ日本評伝選

松下幸之助

きみならできる、必ずできる

米倉誠一郎著

ミネルヴァ書房

刊行の趣意

「学問は歴史に極まり候ことに候」とは、先哲荻生徂徠のことばである。
歴史のなかにこそ人間の智恵は宿されている。人間の愚かさもそこにはあらわだ。この歴史を探り、歴史に学んでこそ、人間はようやくみずからの正体を知り、いくらかは賢くなることができる。新しい勇気を得て未来に向かうことができる。徂徠はそう言いたかったのだろう。

「ミネルヴァ日本評伝選」は、私たちの直接の先人について、この人間知を学びなおそうという試みである。日本列島の過去に生きた人々の言行を、深く、くわしく探って、そこに現代への批判を聴きとろうとする試みである。日本人ばかりではない。列島の歴史にかかわった多くの異国の人々の声にも耳を傾けよう。

先人たちの書き残した文章をそのひだにまで立ち入って読み、彼らの旅した跡をたどりなおし、彼らのなしとげた事業を広い文脈のなかで注意深く観察しなおす――そのとき、はじめて先人たちはいまの私たちのかたわらによみがえってくる。彼らのなまの声で歴史の智恵を、また人間であることのよろこびと苦しみを、私たちに伝えてくれもするだろう。

この「評伝選」のつらなりのなかから、列島の歴史はおのずからその複雑さと奥ゆきの深さをもって浮かび上がってくるはずだ。これを読むとき、私たちのなかに新たな自信と勇気が湧いてきて、その矜持と勇気をもって「グローバリゼーション」の世紀に立ち向かってゆくことができる――そのような「ミネルヴァ日本評伝選」にしたいと、私たちは願っている。

平成十五年（二〇〇三）九月

上横手雅敬
芳賀　徹

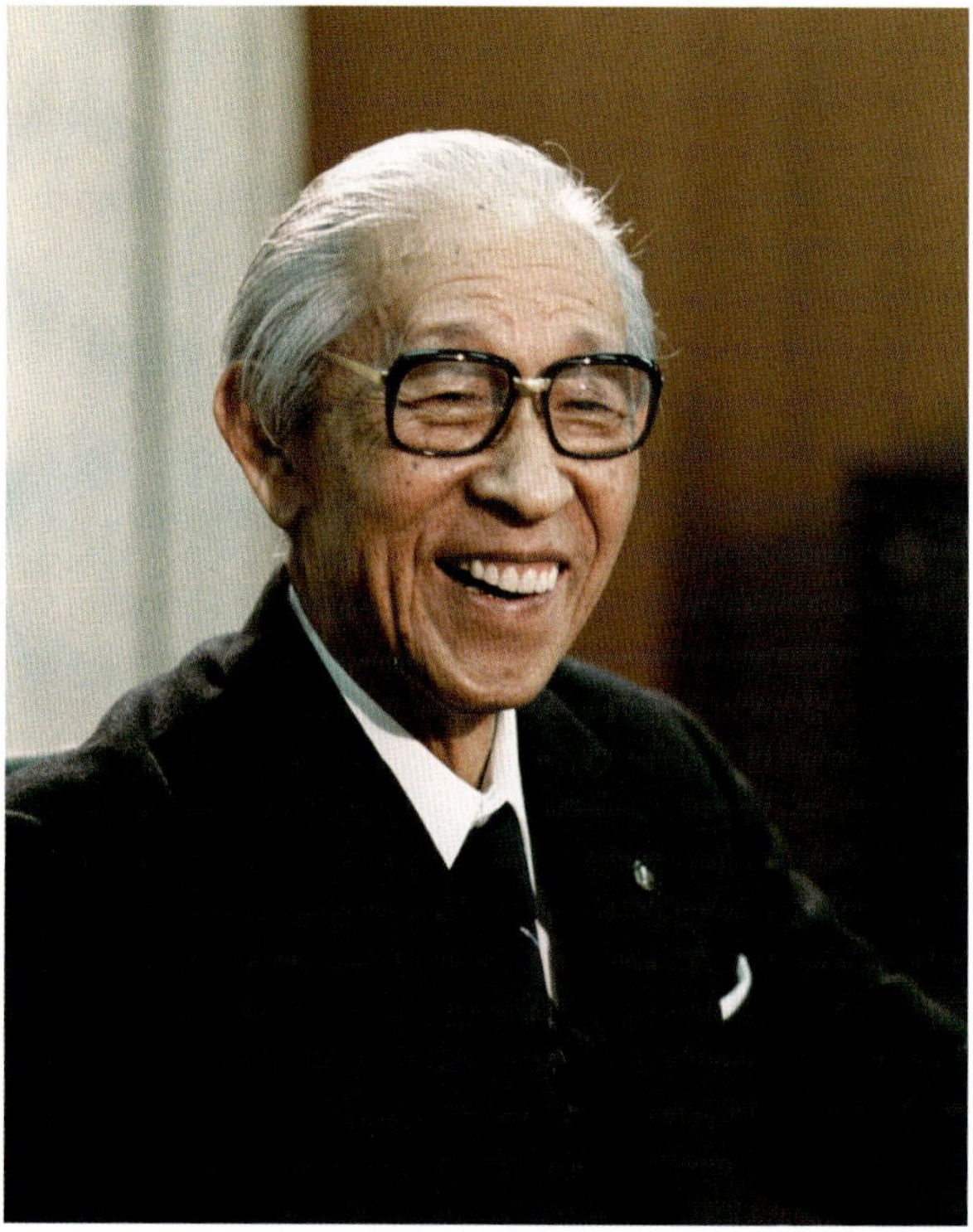

松下幸之助（貝塚裕氏撮影）

若き幸之助（昭和４年，34歳）

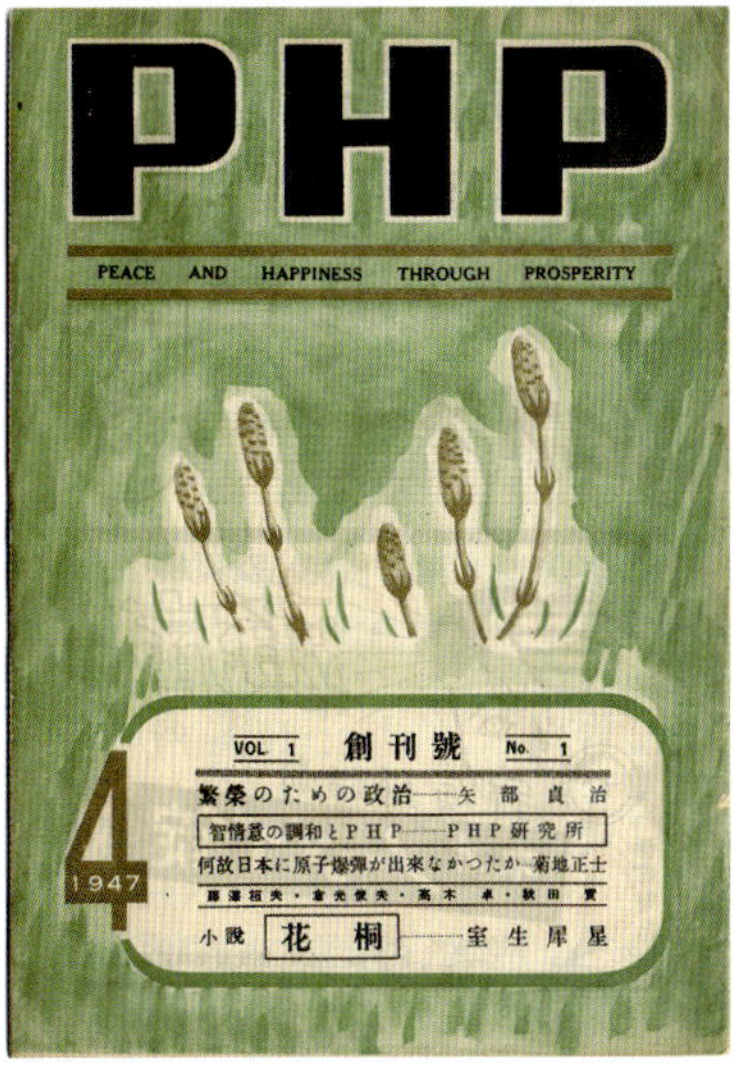

『PHP』誌創刊号（昭和22年）

豊臣秀吉に扮する幸之助
（第6回大阪祭にて，昭和39年）

製品と一緒に映る幸之助
（『ライフ』誌の取材時，昭和39年）

トヨタ S800と自転車に乗った幸之助

（西ドイツのテレビ局の取材で，昭和43年）

むめの夫人と微笑む幸之助

（九州視察旅行，昭和49年）

松下幸之助——きみならできる、必ずできる

目次

目次

図版一覧

図版一覧

▨写真提供パナソニック株式会社

序　きみならできる、必ずできる

「神様」なんかじゃない

松下幸之助は決して「神様」ではなかった。

むしろ、身体中に矛盾を抱え込んだ、きわめて人間臭い人間だった。大胆に決断し、小さなことにくよくよ悩み、したたかに交渉し、大きく任せる。激しく怒り、めそめそ泣き、嬉しそうに笑い、弱々しく病床に伏す。結局、強くもあり弱くもあった。聖人君子のような言動もしたが、晩節を汚すようなところもあった。ただ、ひとつ確実にいえることは、彼が自分の力と才覚で道を拓き、日本人ばかりか世界の人々の生活を驚くほど豊かにした優れたイノベーターであったことである。彼の創り出した製品は科学的知識に基づいたようなものではなく、身近な気づきや不便から発想した製品や既存品に改善改良を重ねたものであった。しかし、それらは間違いなく日本の近代化と豊かさを現実のものにした。さらに、幸之助は組織革新やマーケティング・宣伝手法にも優れた手腕を発揮した。その意味で、彼は技術も経営もそしてなによりも庶民の心を理解できた真のイノベーターであった。

そんな幸之助伝を、松下創業一〇〇周年の年に描く。

筆者にとっては嬉しくもあり、なかなか「しんどい」作業であった。一行目を書くまでに、なんと一〇年以上の歳月がかかってしまった。まず、夥《おびただ》しい数の幸之助伝がすでに巷に溢れ、彼自身の残した著作や経営訓話もＰＨＰ研究所を中心に大量刊行されている。「これ以上なにか付け足せるものがあるのだろうか」、という逡巡である。次に、そうした書物の中には、松下幸之助のことをなにやら「経営の神様」に祭り上げていて、そのオドロオドロしい世界に足を踏み入れることにも躊躇があった。「穏やかで、悲しい目をした（gentle, sad-eyed）」と表現したのは、アメリカの『タイム』誌だったが、同誌の表紙を飾った松下幸之助の似顔絵は、悲しげで日本を代表する事業家とは程遠いイメージである。晩年の姿しか知らないものにとっては、松下幸之助は事業家というよりは宗教家のような印象であった。

そんなことで、心はためらい逡巡し、最初の一行が進まなかったのである。

それでも引き受けてしまった原稿には必ず締め切りは来る。やむ得ず、幸之助自身の著作を含む数々の関連書物を読み始めると、意外や意外、それらはすべてエキサイティングで非常に面白かった。宗教がかった言動や全体主義的な経営スタイルは松下幸之助のひとつの側面であったが、そのすべてではなかった。多様な人々が書き記した幸之助像を自分なりに再構築していくと，彼は決して「神様」などではなくなっていった。きわめて人間臭く，強さと弱さ，その両面を抱えながら成長を続けていった事業家であり経営者であった。貧困の中から身を起こし，自分の生きる道を探し出し，努力と学習を重ね続けたイノベーターであった。さらに，病弱でありながらも，「愉快」でド派手なイベントを大切にする「お祭り男」でもあった。技術だけでなくデザインや意匠にも優れた才能を発揮し，宣伝やコピー・ライティング，ブランドやトレードマークにも気を配った。さらに消費者の日常や心の中にまでに思いを馳せられるマーケターだった。よく泣き，よく怒り，吝嗇《りんしょく》で，豪毅で，大胆で，繊細で，男前で，そして多分モテ男でもあった。

日本を代表するイノベーター

筆者は松下幸之助に特別な思い入れがあったわけではなく，もちろん一度も会ったこともない。したがって，これは群盲象を撫でる的な評伝かもしれない。しかし，ここで描いた松下幸之助はやはり「日本を代表するイノベーター」であり，なによりも周りにいた人々の長所を見抜き，大きく育てた人間であった。彼の若く貧しい起業に，はじめから優秀な人材など集まるわけもなかった。昭和恐慌の中で人間主体の経営を続けた幸之助は，「きみならできる，必ずできる」という人間を信じる言葉で，日本現代史上最大にして最高のグローバル総合家電企業を築いたのであった。これは，九歳の時に，ふろしき包みひとつで田舎から大阪に丁稚奉公に出てきた少年が徒手空拳《としゅくうけん》から築き上げた夢の物語である。

前述したように、松下幸之助に関する書物はそれこそ数え切れないほど存在する。本書がなにか新しい幸之助を発見したかというと甚だ心許ない。しかし、バイアスがかかっていない分、より広範な読者層に日本を代表するイノベーターの愉快な足跡を届けることができるのではないかと考えた。そうであれば、浅学非才の筆者があえて松下幸之助伝を描いた意味がある。そう心に言い聞かせて、恐る恐る本書の第一ページを始めようではないか。

第一章　丁稚奉公時代からの飛翔

1　貧しくも学び多き時代

悲しき幼児期

松下幸之助は、一八九四（明治二七）年一一月二七日に和歌山県海草郡和佐村千旦ノ木に生まれた。父・政楠《まさくす》、母・とく枝の間にできた八人兄弟の末っ子（三男）であった。幸之助といえば「貧しい生い立ち」の印象が強いが、父・政楠は旧家生まれの小地主であり、村会議員にも選ばれるなどした比較的裕福な出身であった。しかし、一八九九（明治三二）年頃にコメ相場に手を染めて破産し、先祖伝来の土地と家を手放してしまったのである。一家はやむを得ず和歌山市内に引っ越し、とりあえず下駄屋を営むが、にわか商法ゆえにこれも失敗に終わる。幸之助が小学校に上がる直前に次兄が病没し、不幸には不幸が重なるもので、和歌山紡績事務員の職を得ていた長兄も風邪をこじらせて三カ月で早逝、同じ年に次姉も病没してしまった。

そうした事情から政楠は単身大阪に出ることになり、なんとか大阪盲唖院に事務職を得ることができた。この盲唖院は五代五兵衛が按摩から身を起こし、事業で成功したのちに設立した社会事業（盲

生誕の地
（和歌山県海草郡和佐村千旦ノ木，現和歌山市禰宜）

生家の長屋門

聾唖者の学校）であった。盲目の五代五兵衛は才覚だけで立身出世した人物で、幼少期幸之助のロールモデルにもなった。政楠は大阪の火鉢屋が小僧を探しているという話を聞き込み、和歌山から幸之助を丁稚奉公に呼び出したのであった。

一九〇四（明治三七）年一一月二三日、まだ九歳の幸之助は小学校四年生を中退し、単身大阪の宮田火鉢店に奉公に出た。この火鉢店は半職半商で、自ら造ったものを自分で売る店だった。奉公といっても初めは子守の間に火鉢を磨くことが仕事であった。しかし、まだ九歳。泣き虫の幸之助は寂しかったに違いない。彼は当時を振り返って、その心情を吐露している（松下 1986a：19）。

相当困窮した生活を家でしていた自分は、仕事の手伝いや雑務はさほどつらいとは思わなかったが、心の寂しさという点においては堪えがたいものがあった。晩、とこに入ると母のことが思い出されて泣けて仕方がなかった。これは初め四、五晩も続いたし、時を経て後も時々思い出しては泣けてきた。事実少々私は泣きみそのほうであった。

幼児期の一連の苦しく悲しい出来事を幸之助は後ろ向きに語ったことはない。しかし、父や兄弟たちの早逝を目の当たりにして、家系として「体が強くない」という強い自覚を抱くにいたった。この自覚と病弱な体質が、後に「人に任せる」という分権的な経営姿勢の基盤になったと考えられる（水野 1998：24–26）。

火鉢店から自転車店へ

火鉢店での丁稚奉公は約三カ月続いたが、火鉢店がその場所を移転する際に、幸之助は店主の紹介で、船場堺筋淡路町の五代音吉の自転車店に奉公先を変えている。五代音吉は政楠が勤めていた盲唖院院長・五代五兵衛の弟であった。今となればたかが自転車だが、当時自転車は最先端の乗り物であった。機械いじりの好きな幸之助にとって、自転車店への転職は心踊るものであった。ここでの仕事は、「朝晩の拭き掃除、陳列商品の手入れ、これは必ず毎日一回やったものである。それから自転車の修理の見習い、手伝いで、自転車の修繕といえば、まあちょっと小鍛冶屋のような仕事」であった（松下 1986a：24）。「私はこういう鍛冶屋のような仕事が好きであった」と自ら回想する幸之助は、この自転車店でさまざまなことを学んだ。丁稚あるいは職人としての作法を叩き込まれると同時に、おかみさんからは「もののいい方、お礼の仕方」など商人の基本を学んだのである。

幼き幸之助と五代夫人
（明治38年）

大阪商業の中心地といわれる船場。そこで修業を積むということは、浪速の商人道を叩き込まれるということである。「船場で修業をした人やということは、お辞儀一つとっても、わかるもんです。ただ頭を下げられる、というだけやない。膝小僧のあたりまで、深々と下げられる。あれは、子どもの頃から徹底的に身体に染み付いたもんどす」と、後に妻となったむめのは周りからよく聞かされた（髙橋 2011：41-42）。そして、顧客、取引先、従業員に対して深々と頭を下げる幸之助のお辞儀は、取引関係者ばかりか多くの日本人を魅了することとなるのである（加護野編著 2016：21-22）。

お辞儀をする幸之助
（松下電器50周年記念京滋・北陸店会謝恩会，昭和43年）

一方、自転車レースなどにも参加して、楽しい思い出も創っている。「私の奉公ぶりであるが、それは私自身でも最善であったとはよういわないが、普通以上であったとはたしかにいい得られる」と自慢げに振り返る。そのひとつのエピソードに、商才を感じさせる追想がある。煙草を買い置きしておいて、その鞘を稼ぐという商才である（松下 1986a：29）。

店に来る客によく煙草をかってきてくれと頼まれたものである。するとその都度、修繕中の汚れた手を洗って近所の煙草屋に駆けだしたのであるが、私は考えた。これはめんどうでもあるし時間もかかるので、たくさん買っておいて言われた都度渡せば世話はない。いちいち買いに走るめんどうもなく、修繕中の手も休めず早く客に煙草も渡せて、しかも少々の利益があるのである。それは当時二〇個買えば一個負けてくれたので、一個の利益が私の手元に残る。これこそ一挙三得というやつである。これをやりだしてからちょっと私は評判になった。

一一歳の子供にしてはなかなか機転の利く小僧だった。ただし、この買い置きはおやじさんから注意を受けて、やめることとなる。その理由は、店の同僚がやっかむからであった。幸之助はこの時初めて「人と人の関係は難しい」と知ったという（裕 1995：25-27）。

自らの投機で破産してしまった父・政楠は、幸之助に商売人としての将来を夢見ていた。和歌山の母と姉は政楠から大阪に呼びよせられ、多少読み書きができた姉・いわは大阪貯金局事務雇としての職を得た。その局で給仕の募集があることを知ると、母と姉は幸之助をそこにやりながら、手元に置いて育てようと算段する。「幸之助も小学校を卒えていないくらいで、先で読み書きも不自由であろうから、この際給仕に出して、夜間は学校へでもやれば」という思いだった。寂しがりやの幸之助がこの提案を喜ばないわけがなかった。

しかし、反対したのは父親だった。「奉公をもって身を立てよ。それがいちばんお前のためやと思うから。志を変えず奉公を続けよ。今日、手紙一本よう書かん人でも、立派に商売をしてたくさんの人を使っている例が世間にたくさんあることをお父さんは知っている。商売で成功すれば、立派な人を雇うこともできるのだから、給仕などは決してするんではない」。この言葉で幸之助は給仕を諦め、商売で生きることを決意する。「今思うとさすがに父は的を得た考えをもっていた」のである。

しかし、その父も一九〇六（明治三九）年に「ふとした病みつきでわずか三日」で病死してしまい、幸之助は一一歳にして戸主としての責任を担うこととなった（岩瀬（2014：46）では、政楠は「脚気衝心」で亡くなったとされている。幸之助の家族はみな早逝している。次兄・八郎が享年一七歳（一九〇〇）、次姉・房枝が享年二〇歳（一九〇一）、長男・伊三郎が享年二三歳（一九〇一）で、死因はいずれも流行性感冒あるいは結核と推察されている。また、三女のチヨ（享年二一歳、一九〇六）と四女・ハナ（享年一七歳、一九〇六）、五女・あい（享年二八歳、一九一九）も若くして亡くなっている。一番長生きした長女・いわも享年四六歳、一九二一年であった）。この戸主という強い自覚は、これまであまり語られなかった母の再婚によって、さらに強くなった可能性がある（岩瀬 2014：70-71）。多分、まだ幼いともいえる幸之助にとって、母の再婚は絶対に受け入れられないことだったろう。彼は本当にたった一人の後継ぎになったのである。

幸之助は一〇歳から一五歳の六年間この自転車店に奉公し、それなりに仕事を覚え、店側も彼に期待するところとなっていた。自転車自体も値段が下がり、広く普及するようになった。ところが、大阪市は全市に電鉄を敷設する交通網整備計画を発表したのだった。「電車ができたら自転車の需要は少なくなり、その将来は楽観できまい」と幸之助は考え、亡き父の意向に反すると知りつつ、大阪電燈に転職を決意するのだった。彼も会社員というものになってみたかったのである。

大阪電燈へ転職

この上昇志向の転職は、アメリカの鉄鋼王アンドルー・カーネギーの少年時代を彷彿とさせる。カーネギーもまた、没落した一家とともにスコットランドから逃げるようにアメリカに移住した一人だった。彼はピッツバーグでまずアメリカ主要産業のひとつであった綿工場で、糸繰り器（ボビン）を運ぶボビンボーイとしての職を得る。まさに、小僧としての就職であった。しかし、カーネギーは勃興する電信電話事業に関心を抱き、配信される電信を鉄道会社に届けるメールボーイに転職する。そこで独学で電信技術を身につけ、実際に電信を打つ通信技術師に昇進したのだった。当時最大の先進企業として登場した鉄道企業各社にとって、電信は安全な効率経営を実現するための必要不可欠な情報技術であった。カーネギーの通信技師としての昼夜を厭《いと》わない仕事ぶりが、ペンシルバニア管区長となった敏腕経営者トム・スコットの目に留まった。こうしてカーネギーは花のペンシルバニア鉄道に採用されたのである。

当時アメリカにおける鉄道企業とくにペンシルバニア鉄道は、鉄道技術ばかりでなく電信電話などの先端技術や巨額資本を扱う金融知識などが凝縮した最先端企業であった。カーネギーはそのペンシルバニア鉄道で巨大組織経営のすべてを学ぶと同時に、投資家としての才能も開花させた。さらに、彼は鉄道を支えるレールの可能性に着目し、鉄鋼業に転身して世界最大の鉄鋼企業カーネギー・スティールを設立したのだった（米倉 1999：91-98）。

カーネギーほどの変遷ではないが、幸之助の二度にわたる転職も常に時代の最先端企業という点でなにか似たものを彷彿とさせる。最先端産業には新しい考え方や事業機会が溢れている。そこに身を投じる先見性と勇気が道を開くのである。

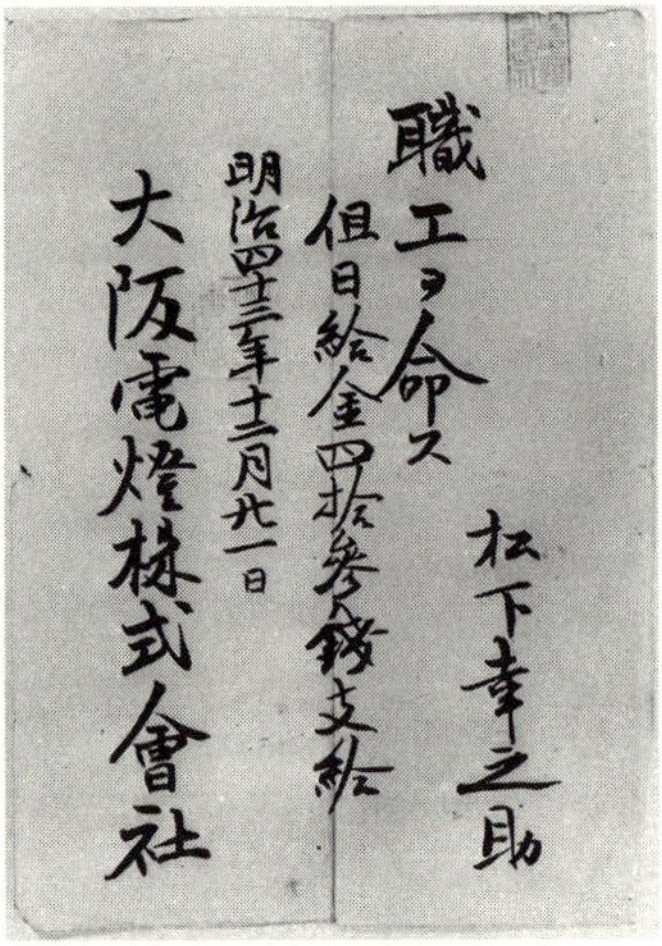
松下幸之助
職工ヲ命ス
但日給金四拾参銭支給
明治四十三年十二月廿一日
大阪電燈株式會社

大阪電燈の入社辞令

面白いのは、カーネギーも幸之助も初めての給料に同じような感想を述べている点である。幸之助は最晩年（九一歳）の時に、「これまでで一番嬉しかったこと」と聞かれ、火鉢店で「初給料として五銭白銅貨を手にしたこと」と述べている（加護野編著 2016：20）。カーネギーも、「生涯で私は数百万ドルを稼ぐことになったが、はじめに（ボビンボーイとして）貰った週給一ドル二〇セントほどの幸福感を与えてくれたものはない」、と言っている（Livesay 1975：16）。

一九一〇（明治四三）年、一五歳となった幸之助は自転車店を辞職し、大阪電燈株式会社（現在の関西電力）への転職を決意した。この転職はそう簡単なものではなかった。まず、長年世話になった親方夫婦に対する強い恩義と愛着があった。恩を仇で返すような転職をなかなか言い出せない。逡巡に逡巡を重ねた結果、彼はきわめて古典的な手を使う。「母病気」という電報を姉に打たせて、見舞いを口実に暇をとり、そのまま帰らなかったのである。大胆豪気な決断ができる一方で、きわめて気の弱い面をもつ幸之助らしいエピソードである。

ところが、姉・いわの夫である亀山長之助に口利きを頼んだ大阪電燈への就職はすんなりといかず、欠員が出るまでの四カ月ほど待たされた。この間、義兄が勤めていた桜セメント株式会社に勤務し、力仕事である臨時運搬工を経験している。力仕事では才覚を発揮することはなかったが、幸之助はここで自分の強運を知ることになる。現場であった埋立地からの帰りの船で足を滑らせた作業者に巻き込まれて海に転落したが、なんとか一命を取り留めたのである。幸之助はこの事故で自分の強運を信じ、また「運の強さという目に見えないものを人物鑑定の際の重要な判断基準にするよう」になったという（加護野編著 2016：25）。

松下電器において丁稚から正社員第一号になった後藤清一も、幸之助の運に対する執着を次のように述べている。「新しく人を採用する場合、クドクドしく質問する必要はない。学校の成績、家族構

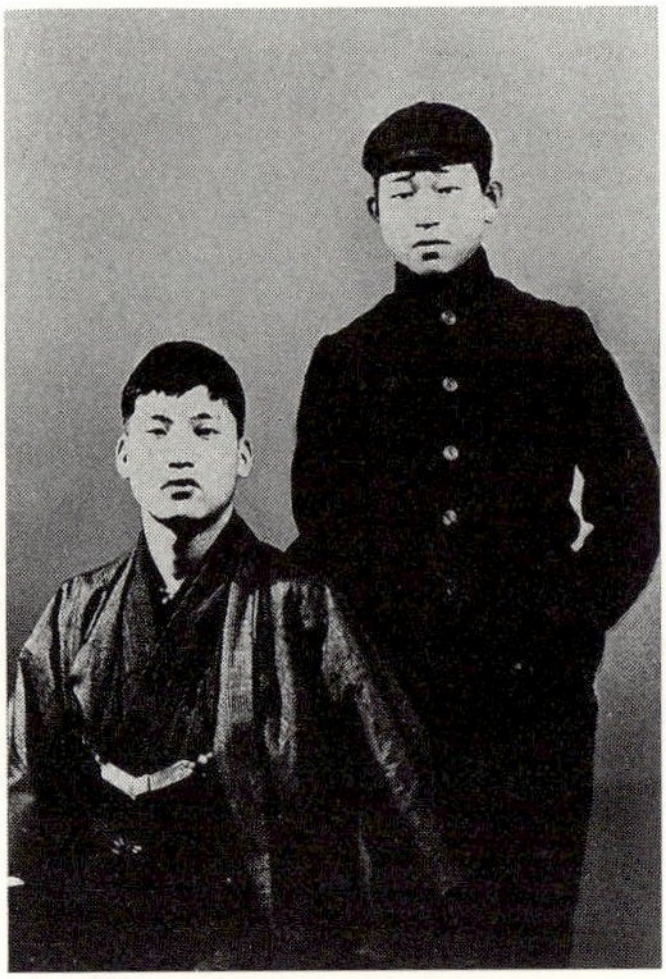
15歳頃の幸之助（右）

大阪電燈時代（17歳，明治45年）
（下から３列目右端が幸之助）

成、本人の性格……。それらは人事担当者の調べるべき仕事である。経営者は、ただひとつをたずねればいい、『あなたは過去において、運が良かったか、悪かったか』。運が悪い人はゆめ採用するな。こっちまで運が傾いてくる」（後藤 1972：53）。

いかにも町場の経営者らしい経験に基づいた判断基準だが、こうした庶民的な感覚こそが幸之助を単なる経営者でなく国民の憧れにした源なのである。

さて、大阪電燈には一九一〇（明治四三）年一〇月に入社して、その後七年間勤務することになる。前述したように、明治末期における電燈会社は最先端企業であり、幸之助の向上心と知的好奇心をくすぐるものであった。しかも、機械いじりの好きな幸之助にとって、内線係見習工として電灯配線の新設・増設などは得意分野であった。仕事は順調に進み、すぐに検査員に最年少で昇格している。

検査員とは担当者の電気の取り付けを後から検査し、問題があると改修させる仕事であった。さらに、見習工という部下ももてる存在でもあった。通天閣や新設の映画館さらには芦屋の芝居小屋などへの現場廻りは、新鮮かつ働き甲斐のある仕事であった。娯楽の少ない当時、芝居小屋や映画館など盛り場の電設工事や検査作業は胸躍るものであったろう。この時、映画の楽しみを知ったことが、後年アメリカでの映画通いにつながるのだから、人生は不思議だ。

一方、工事を通じた訪問先で幸之助はさまざまな人に出会い、また彼らや世情をよく観察した。彼はその後、経営書であり人生訓でもある『道をひらく』（一九六八年初刊）を執筆して、経営者としてはもちろん執筆家としても大きな脚光を浴びることとなる。同書はこれまで、累計で五二〇万部以上を売り上げ、日本の書籍販売では黒柳徹子の『窓際のトットちゃん』五八〇万部に次ぐ第二位の国民的ベストセラーとなった。この随筆の端々には、何気ない日常や商いの中にある至宝の日常訓や商売訓が散りばめられている。しかも、分かり易い言葉で綴られているのである。これらはすべて幸之助の鋭くかつ細やかな観察眼に基づいていて、ビジネスマンだけでなく昭和を生きた多くの人々の心を捉えたのだった。

さて、自転車店と大阪電燈社勤めは、その後の幸之助の商品開発やビジネス・アイデアにとって貴重な経験となっている。とくに、大ヒット商品のひとつとなる砲弾型や角型自転車ランプは、この二つの職業経験なくしては考えられない。自転車とランプとは、まさにこの二つの職業経験の組み合わせである。幸之助を大成功の道に導いたイノベーションは、まさに新しい組み合わせだった。

筆記は苦手　大阪電燈に通うのに、幸之助は会社の同僚の家に下宿した。同じ家にもう一人下宿していた同僚が真面目な青年で、「電気屋は電気の知識がなくてはならぬ」と関西商工学校の夜学に通い、幸之助にも進学を勧めていた。幸之助も「行きたいと思ったことも再三であったが、薄志弱行のほうで、行こうと思ってはやめ、思ってはやめして私はあまり勉強のほうをやらなかった」と意思の弱さを回想している。これも人間らしくて親近感をもつ回想である。ついに、一九一三（大正二）年一八歳の時に一念奮起して関西商工学校夜間部予科に入学を決意した。予科には一年間通い三七〇～八〇人中一七五番で修了しているが、本科は口述筆記が多く読み書きが苦手な幸之助は結局中途退学となっている。学問をすること自体にはそれほど大きな興味を抱かなかったのであろう（松下 1986a：53-54）。

結婚・義弟・病　私生活上の大きな出来事が三つ起こる。まず一九一五（大正四）年九月四日に、幸之助は井植むめのと見合い結婚をした。姉のいわから、「淡路の人で高等小学校を出て、裁縫学校を卒業後、大阪にきて京町堀のある旧家に女中見習い中の人」と紹介されたのが縁であった（松下 1986a：55）。幸之助は二〇歳の若さで結婚するが、そこには戸主としての責任があった。というのも、父に次いで母も一九一三年に和歌山で亡くなり、姉のいわは先祖の祀りごとを守るため、幸之助の早い結婚を強く望んでいたからである。また、寂しがりやであった幸之助も次第に身を固める気になっていた。

その見合いのやり方は、今では想像もつかないような顚末である。現代のように食事や喫茶を共にするというようなものではなく、街角の看板下で時刻を決めて親族共々すれ違うという形式であった。幸之助によると、居合わせた見知らぬ人が幸之助たちの様子を見て、「あー見合だ、見合いだ」と騒いだため、彼はすっかりあがってしまい、顔もまっかになってしまった。そして、「気がつくと、もう先方は芝居の看板の前に立っている。……看板を見て自分らの前の方にいるから、後ろ横顔しか見えない。しかも少しうつむいているからなおさら見えない。勇気を出して前方に進み、振り返って見るというほどの元気はもちろんあるわけでない」と、まともに顔すら見ることができなかったと回顧している（松下 1986a：57-58）。むめの側の記録でもお互い顔を見ることができなかったとなっている。

芝居小屋に近づくと人混みはさらにひどくなった。流されるように芝居小屋の横を通り過ぎてしまった。お見合いはその一瞬で終った。（幸之助の義兄）亀山と（むめのの父）清太郎が顔を見られれば、それでよかったことになっていたのである。「ああ、見られなんだ、むめのは見たか」と（母の）こまつは言った。「いいえ、見えませんでした」。

むめのの幸之助の印象は「細い人やった。でも、ええ目をされてた」であった（髙橋 2011：9）。

一方、むめのはふっくらとした女性で、後年幸之助自身が「太っていてね」というほどの女傑タイプの風貌であった（下村 1981：20）。こうしてろくに顔も見ずに結婚が決まったのだから、これも運あるいは宿命というしかないだろう。しかも、むめのにとって、幸之助との見合いはほとんど最悪の条件ともいえるものであった。現に、むめのの父・清太郎は幸之助との縁談の条件を知ったとき、まったく訳が分からなかった。「生まれは和歌山の田舎。両親は既になく、八人兄姉も一人の姉を残して夭逝している。さらに借家住まいで財産のひとかけらもない」（髙橋 2011：34）というのが幸之助の現実だったからだ。これに加えて、後述する肺尖カタルという病気まで抱えていたのである。

しかし、むめのはこの悪条件をむしろ好ましく思った。彼女は「人からもろうた人生ではなく、自分自身で人生を作っていくことができる」と思っていたからである（髙橋 2011：9–10）。

むめのは糟糠《そうこう》の妻としてさまざまな形で創業期の幸之助を支え、その後七〇年以上連れ添うこととなる。しかし、幸之助の半生記では見合いの時期以外はむめのに直接触れる記述はほとんどない。公式な場には夫婦二人で姿を現しているが、心底仲睦まじいという印象はない。松下社内では公然の秘密であったらしいが、後の幸之助には愛人がいた。ハーバード・ビジネススクール教授で松下幸之助寄附講座の主任教授ジョン・コッターによる『幸之助論』では、入念な調査の結果、幸之助は「少なくとも一人の愛人と数十年間にわたって別の家庭を営み、四人の子供を設けていた」と指摘されている（コッター 2008；岩瀬 2014）。この点については後に触れるが、幸之助も人間だったのである。

二つ目の出来事は、むめのとの結婚とともに彼女の弟・井植歳男とさらにその弟の祐郎と薫を手に入れたことである。「出来事」あるいは「手に入れた」という表現には語弊があるが、歳男および井植兄弟の登場は松下電器の成長にも日本の家電業界の成長にとっても重要な出来事であった。歳男は幸之助の右腕・左腕として松下電器の全国展開の先兵となり、株式会社化後には専務取締役として幸之助を支えた。病弱な幸之助に代わって松下の現場を支えたのは、歳男であった。後年、幸之助と歳男との間にはさまざまな確執があり、二人は袂を分かっている。ここでも幸之助のアンビバレントな性格がむき出しになるのである。

同じく、その弟の祐郎はむめのの下で経理担当として出発し、松下のバックオフィスを支えた。さらに、その下の弟・薫も松下に入社し中国における海外展開や松下の真空管事業や生産管理を主導した。この三兄弟もむめのも数字に強く、努力家で、真に頭のいい姉・兄弟であった。戦後、歳男は財閥指定を受けた松下を離れてほとんどゼロから三洋電機を創業することとなる。松下創世記にこの井植兄弟を得たという意味で、この結婚も幸之助の運のひとつであった。

最後の重大事件は、大阪電燈の電気敷設工事に従事していた頃（一九一四年頃）、仕事帰りに幸之助は肺結核初期の喀血をしたことである。幸之助関係の文書では「肺尖カタル」を患ったと記述されることが多いが、肺尖カタルとは当時「致死の病」といわれた肺結核の症状である。結核という言葉がもつネガティブなイメージを緩和するために当時は肺尖カタルと呼んだが、要は「結核性病変」のことである。その初期症状の喀血であったが、生活に余裕がなかった幸之助は日給制の仕事をやめるわけにもいかず、熱があるたびに休みをとりつつ仕事を続けるという生活を送った。結局肺尖カタル自体は一生完治せず、病気と二人三脚の人生となった。ベストセラー『道をひらく』にも「病を味わう」という印象的な一章がある。幸之助の「病を味わう心を養いたいのである。そして病を大事に大切に養いたいのである」という切ない記述は胸を打つ（松下 1968：29）。

幸之助の生涯は、華々しい成功の裏に常に病弱な体を療養する人生でもあった。このことも、戦争に明け暮れ、苦難の時期を歩んだ同時代の人々に強い共感を生むこととなった。歴史にイフはないが、「もし幸之助が屈強な体力の持ち主で筋骨隆々の容姿」であったなら、彼に対する人々の共感や敬愛もこれほどまでにはならなかったろう。その意味で、病も幸之助の運のひとつだったのである。

大阪にある松下幸之助歴史館を訪れると、その入口に幸之助が成功した理由として「学歴がなかった、体が弱かった、家が貧しかった」ことが掲げられている。

2　運に支えられた独立創業

不安焦慮なき創業

学問としての勉学にはそれほど大きな興味を抱かなかった幸之助だが、特許や実用新案には高い関心を示した（加護野編著 2016：26-27）。最年少で検査員に昇格していたため、効率的に仕事をこなせば時間は余った。彼は空いた時間を使って自分なりの発明を工夫するようになったのである。幸之助二一歳の時に、彼は安価で簡便なソケットを考案し、会社で採用してもらおうと上司に相談するも、上司からはその欠陥を鋭く指摘されてしまう。上司の指摘に納得がいかず、負けず嫌いであった幸之助はその改良に没頭し、独学で実用新案を出願し一九一七（大正六）年一月にその登録を果たしている。

検査員の仕事にもすでに飽き足らなくなり、一向に改善しない肺尖カタルのために体重は激減し、仕事を休むことも多くなった。医者も休養を強く勧めたこともあり、幸之助は一九一七年六月についに大阪電燈を依願退職することとなった。

「主任さんは二回とも私のソケットをあかんといわれたけど、私はどうしてもこれをやりたいのです。会社で採用してもらえればけっこうですが、それをあかんとなったら、自分でひとつやってみたいもし、これが失敗したときは、もう一ぺん会社へ帰って、今度は一切こういうことは考えんで、たという職工に落とされてもひたすら会社の仕事に精出します」といって幸之助は上司の許可を得たという（松下 1986b：41）。この頃の写真を見ると、眉毛はハの字で一見情けのない顔をしているが、口元には芯の強い頑固な意思が見える。その幸之助がやせ細った姿で懇願すれば、主任も反対はできなかったのだろう。

こうして、一九一七年六月に大阪府東成郡鶴橋町猪飼野《いかいの》（現大阪市東成区玉津二丁目）の借家で、妻・むめの、義弟・井植歳男、および大阪電燈で事務をしていた森田延次郎と元同僚の林伊三郎の計五人でソケット製造に乗り出したのであった。幸之助二二歳の時だった。自宅を兼ねた作業場はわずか三坪という狭さであった。手持ちの資金は退職金を含めて一〇〇円にも満たない七五円二〇銭。林の友人が職工をしながらコツコツ貯金をしているという話を聞いて、その彼から一〇〇円を借金してなんとか製造販売を開始した。ソケットとは電球の電灯口から新たな電灯口を得るものだが、幸之助はその接点に使い古しの

創業当時の幸之助（大正７年）

電球口を再利用した。そのため既存のソケットよりははるかに安価に製造できるというものであった（創業の経緯については、断りのない限り松下（1986a）『私の行き方　考え方』および『松下電器五十年の略史』〔以下『五十年略史』〕の記述を参照している）。

しかし、試作はできても市販用に製造するとなると簡単にはいかなかった。幸之助には、現在でいうプラスティックに似た黒い絶縁体である煉物《ねりもの》の知識がまったくなかったのである。近所の工場に捨ててある破片を拾っては成分分析をしていたが、所詮、素人仕事であり正解は得られなかった。ここでも幸運が訪れる。たまたま大阪電燈を辞めて独立して煉物工場をはじめていた人物が、密かに製造法を教えてくれたのである。煉物とはアスファルトに石綿などを練り込んだ絶縁体だが、その製法は当時の手工業者にとっては高度な秘密事項とされ部外者には明かされないものであった。教えられた製法は、幸之助曰く自分らが研究していたこととは大体は似通っていたが、「ちょっとのコツが相違していたのだった」と。

一方、むめの側の追想では、破片を拾いにいっていたのはむめので、その熱心な姿を見た工場主がむめのをつけてきて幸之助と出会ったこととなっている。工場主は、「一生懸命、探してはったんですよ、暑い中。それで私は感心してしもうてね。こんなに一生懸命になるとは、何をしようとしてはるのかなと。それで失礼ながら、帰り道をつけさせてもろうたんですわ」と（髙橋 2011：75）。

さて、なんとか新型ソケットの製造は進み八月には完成品販売を開始したのだが、大阪中を歩き回ってもなかなか売上げを伸ばすことはできなかった。一〇日ほど必死のセールスを続けてもほとんど売上げは計上できなかった。この結果行き着いた結論は、幸之助自身が書き記しているように、「このソケットは各方面の意見としてまずだめということ」だった（松下 1986a : 70）。その意味で、大阪電燈の主任さんの意見は正しかった。商品としてあかんかったのである。

改良して市場性のあるものを作るにしても、用意した手元資金からみても、この商品の継続はほとんど不可能なことだった。幸之助は「まあなんとかしてやろうやろう」と森田と林を説得したが、結局見通しの立たない状況下で彼らは幸之助のもとを去っていった。残ったのはむめのと歳男だけだった。だが、不思議と幸之助に焦燥感はなかった。彼はこの時の気持ちを以下のように振り返る（松下 1986a : 72）。

今思うと、あの時、心の底のどこかにこの仕事が成り立つという安心でもあったのか、心配をしなくてはならない、不安焦慮をしなくてはならないという立場にありながら、心は改良の仕事、器具の製作ということのみに熱中したものである。とても常識では判断できないような状態であった。

幸之助の希望とは裏腹に、一家の財政状況は困窮した。彼の着物はもちろん、むめのの着物すべてが質屋に預け入れられたのもこの頃である。むめのは必死で幸之助の創業を支えた（裕 1995 : 148–155）。

碍盤受注という幸運

ここでも幸之助は強運であった。暮れも迫っていよいよ倒産かという時に、扇風機部品の大量受注があり窮地を脱したのだった。受注した部品は、ソケットとはまったく無関係の扇風機の碍盤（絶縁台座）だった。当時大手扇風機メーカーであった川北電気は、拡大する需要を見込んで割れ易い陶器製に替わって煉物製碍盤を探していた。たまたま幸之助のソケットを見た卸売り問屋が、ソケットに使われたのと同じ煉物製碍盤一〇〇〇枚を前提に試作を依頼したのだった。試作品は好評で正式注文を受け、なんとか年内納入を果たしたのであった。

試行錯誤を繰り返した幸之助二二歳、むめの二〇歳、原料運びなどの雑用をこなした歳男一四歳、本当に若い創業だった。翌年には追加注文の二〇〇〇枚を受注し、幸之助たちは準備金を上回る一六〇円もの現金を手にした。原料費を除いても八〇円の利益であった。ひたすら努力を重ねた幸之助に大きな流れが押し寄せてきていた。

しかし、この段階になると単に運がいいだけとはいえない素地が幸之助には形成されつつあった。まず、独立を達成し注文を受注できる事業基盤ができていたことである。大阪電燈にいたのでは、ことはなにも前に進まなかった。次に、曲がりなりにも自家製の煉物を使った商品をもっていたことである。この前提がなければ、卸売り問屋の目に留まることもなかったし、試作依頼も来なかった。運がいいということは、運を呼び込む素地があったということである。そして、その中でももっとも重要だったのが、幸之助のひたむきに努力する姿勢であった。

まだ一四歳と年端の行かない子供ともいえる井植歳男は、後年この時代を振り返って次のような懐述をしている（林 1985：8-9）。

わしは若いときの松下を秀才とも英才とも思わなんだ。だが、仕事に対する熱意はすごいもんだっ

二灯用クラスター（通称二股ソケット）
（大正９年）

再現された型押機
（松下幸之助歴史館，現パナソニックミュージアム）

創業の家
（大阪市北区西野田大開町，現福島区大開一丁目）

た。昔はめしを食うても仕事のことばっかり考えておるので、なにを食ったか、どんな味がしたか知らんのですよ。体は非常に弱く、よく病気をしたし、あまり考えるので強度の不眠症にもなった。血圧もべらぼうに高かった。何回も死線を越えながら、事業に対する異常な意欲をもって五十年、五十五年一途にやって来て、その結果、ものすごい強靭な精神力の持ち主になった。現在でなら名人、秀才、俊才、英雄、豪傑、一切の褒め言葉をあげてもいいだけになっておりますなァ。

歳男の言葉通り、幸之助は努力に努力を重ねた。碍盤の大量受注という幸運に流されることなく、ソケットの改良や独自商品の開発を続けた。翌一九一八（大正七）年には、手狭になった自宅兼作業場から引っ越して、大阪市北区西野田大開《おおひらき》町で松下電気器具製作所を設立した。これがいわゆる松下電器の創業の年となる。碍盤生産の傍ら、従来のソケットをさらに改良し電灯の延長コードとなる

「アタッチメントプラグ（通称アタチン）」を完成させた。このアタッチメントも古電球の口金を利用したため、ライバル社より三割も安かった。また、当時の一般家庭では、電灯口は一つ、あっても二つという状況で、別の部屋や手元で電灯を使いたいというニーズにぴったりの商品だった。評判は上々で、世間に松下電気器具の名前を知らしめる結果となった。

さらに、幸之助は彼のもっとも有名な発明品となる二股ソケットすなわち「二灯用クラスター」を開発した。これも電化生活が浸透しはじめた大正中期の一般家庭に大ヒットした。前述したように、一般家庭には多くの電灯口があるわけではなく、アタチンと二股ソケットは、出回りはじめた家電製品を多重利用するには欠かせない商品だったのである。しかも、大正中期といえば第一次大戦景気の「大正バブル」と呼ばれた時期である。

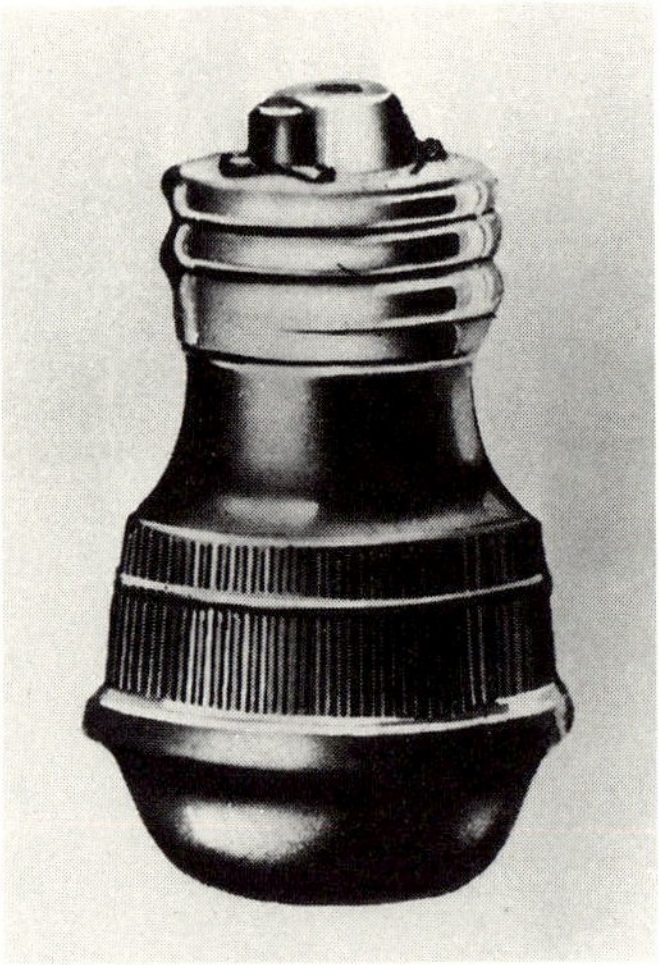

改良アタッチメントプラグ（アタチン）
（大正７年）

日露戦争後に日本経済は飛躍的な発展を遂げ、工業化も大きく進展した。三井、三菱、住友、安田といった四大財閥が急速に経済支配を強化し、日本工業倶楽部（一九一七年設立）や日本経済連盟会（一九二二年）などの経営者団体が設立された。中でも、工業化に伴う都市化が急速に進んだのもこの時期であった。一九一四年には八五万人であった都市人口は一九一九年には一四七万人と二倍近い増加を示した。梅村又次の推計によれば、一九一三年から一九二〇年までの七年間で農林業人口は約七〇万人減少して一四一六万人になり、非農林業人口は約二五〇万人増加して一三〇四万人に達している。とくに、京浜工業地帯、中京工業地帯などが形成され、東京、大阪、名古屋に工業化都市が出現した。まさに、日本はアメリカ、イギリス、フランス、イタリアなどに並ぶ列強諸国の一角に食い込みはじめた時期であった。一方で、一九一三年の東京帝国大学教授美濃部達吉の天皇機関説、一九一六年に同吉野作造による民本主義の提唱、さらには一九一七年のロシア革命＝米騒動を契機に平民宰相原敬が初めての政党内閣を組織するなど、大正デモクラシーが国民に大きな高揚感をもたらした時期でもあった。

幸之助の独立創業はこうした都市に住む大衆社会の出現にも重なった。彼の便利で安いアタチンと二股ソケットはまさに大衆家電社会の必需品になったのである。

第二章　創業初期の悪戦苦闘

1　初期経営体制の確立

プロセス・イノベーション——新しい市場の発見

中産階級の勃興という時代を背景に、幸之助の二商品は大ヒットに繋がった。しかし、アタチンも二股ソケットも科学的知識に基づいた新製品イノベーションではない。むしろ、既存製品の改善改良である。アタチンはすでにあったアタッチメントをデザイン的に改良し、廃品の口金を利用して他社よりも三割安価な商品としたものであった。二股ソケットもすでに東京と京都で販売されていたものであったが、幸之助は改良を加えて実用新案をとった。両製品とも、従来より便利で安価な商品だったのである。

こうした改良品をイノベーションとは認めず、後々まで「マネシタ」などという評価をする向きも多い。しかし、この二商品とも立派なイノベーションである。イノベーション研究の始祖ともいえるヨゼフ・シュムペーターは、イノベーションの範疇として「新しいもの（new product）」だけでなく、「新しい作り方（new process）」、さらには「新しいマーケット（new market）」の発見もイノベーションに含めている（シュムペーター 1912）。またシュムペーターは、イノベーションを①新しい製品、②新しい生産、③新しい市場の発見・創造、④新しい原料・半製品供給、⑤新しい組織、の新たな組み合わせだとしている。その観点からいえば幸之助の商品はまさにデザインを含めた「新しい作り方（プロセス・イノベーション）」であり、大戦景気に沸く大衆という「新しいマーケットの発見」であった。市場ニーズを発見し、より良くより安い商品開発で応えていく。このプロセス・イノベーションのあり方こそ幸之助と松下電器の成長の原動力だったのである。

素人発明家から企業経営者へ

ヒット商品に対する需要は大きく、幸之助は生産拡大のために職工・女工を次々採用し量産をはかったが、いかんせん家内制手工業では需要に追いつかない。さらなる設備投資が必要であった。そんな時、幸之助のヒット商品に眼をつけた大阪の吉田商店が総代理店契約をもちかけてきた。大阪方面は吉田商店で、東京方面は懇意にしている川商店という肝いりの提案であった。幸之助はこの総代理店契約を何とか生産力拡張に繋げようと、吉田商店に保証金交渉をした。

この頃から、彼は単なる素人発明家・町工場主から事業成長を念頭におく「企業経営者」になったといえる。総代理店契約として商品供給する前に、三〇〇〇円の保証金を支払ってもらい、それを設備投資に当てようとしたのである。幸之助は以下のように交渉した（松下 1986a：82）。

あなたが一手に引き受けて発売しようと考えるならば、その効果のあるように工場設備を拡張したいと思うから、まあ保証金とも考え、また資金の貸与とも考えられるが、とにかく三千円ほど保証金として提供してくれないだろうか。私はその金で工場設備を充実してあなたがいくら売ってくれてもこと欠かぬようにしたいと思う。

吉田側はこの町工場の強気の交渉に驚いたが、結局は価値ありとして申し出を飲んだ。幸之助はすぐに設備投資を行い、従業員二〇名体制を整えた。吉田商店も川商店も大々的な代理店契約を発表したため、二股ソケットは四〜五カ月の間に月産二〇〇〇個、三〇〇〇個そして五〇〇〇個の領域にも到達したのであった。

一手販売権の解消

しかし、思い通りに計画は進まない、必ず競争者が出現するからである。松下の躍進を見た東京方面のメーカーが思い切った値下げに踏み切り、取引先からさらなる値引き交渉が吉田商店に殺到した。焦ったのは契約書に責任販売数を記入してしまった吉田商店であった。競争が厳しくなれば、約束の販売数が達成できないかもしれない。「ともかく解除したい」というのが吉田側の希望となった。幸之助には勝てる自信があったが、吉田側がいかにも弱気だった。結局、「責任数があるからといってそれを強いることはできない」と、幸之助はわずか半年で解除に応じるが、保証金はすでに設備投資につぎ込んでしまったため、「ぽつぽつ月賦」で返すことで了承を得たのだった。

やむを得ず自分で売ると決めた幸之助は、自ら大阪中の問屋に売ってまわった。すると「こんな良い品物を造っておきながら、吉田商店一店に任すなんてけしからん。君とこが直接売るんならきょうからでも君とこのものを買おう」と、他店は意外に好意的であった。

さらに、幸之助は生まれて初めて東京に一手販売中止の経緯説明と販路開拓に出る。当時東京に行くというのは、まさに「外国へでも行くくらいの気分」の出張であった。東京でも、きちんと説明すれば直接販売の受けは悪くない。品物は悪くないし、他のメーカーが値下げしたといってもまだ松下製の方が安かった。取引先の反応もよく、いくつかの注文を得て帰阪する時には、やはり東京市場は大きい、その重要性を理解して、「月一回は必ず東京行き」をしなければならないと決意したのであった。

こうして見ると、この一手販売解除という事態もきわめて幸之助の強運に結びついた。解除のおかげで、松下は飛躍の初期体制を整えることができたからである。まず、一挙に三〇〇〇円という資金を得て生産設備を拡大することができた。この資金は「ぽつぽつ月賦」で返済することになったが、いってみれば無利子で資金調達したことと同じであった。次に、この解除によって幸之助は代理店による一手販売方式からメーカー・問屋直販を中心とする直販体制を整えることができた。幸之助が創り出す商品は常に顧客ニーズを意識したものだった。さまざまな顧客情報やフィードバックが入ってくる直販方式が、その後の展開にとって決定的に重要であった。

さらに大きなインパクトとなったのは、「三千円の保証金を全部工場に入れて増産してあるから、勢い背水の陣を敷くような立場におかれた」という幸之助自身の覚悟とモラルアップであった。幸之助は「商売というものは真剣なものである」と考えるようになり、以下のように経営の進め方を熟慮するようになる（松下 1986a：92–93）。

商売も活動するだけそれだけの成功は得られなくてはならない。もしそうでなかったならば、それは環境でも、時節でも、運でも、何でもない。その経営の進め方に的を得ないところがあるからだと断じなくてはならぬ。それを時世時節で、損もあれば得もあると考えるところに根本の間違いがある。商売というものは不景気でもよし、好景気であればなおよし、と考えねばならぬ。

「経営が的を得れば」、のちに幸之助の有名な考えとなる「不景気よし、好景気さらによし」という言葉に繋がるのである。

一手販売を止め、関東方面へも販路を伸ばし、幸之助はヒット商品販売を拡大していった。一九一九（大正八）年には、小さいなりに大阪の松下電気というものを業界に認識させるところまで来た。しかも、大戦景気は拡大基調で事業はさらに発展しそうな気配であった。

取締役の名前によろめく

ところが、好事魔多し。そんな時、大阪電燈時代の知人で技手をやっていた人間が幸之助を訪ねて来た。資産家の息子で、幸之助の事業概要を聞いて、「この際相当の資本を他から求めて大きく組織的にやってみたらどうか」と進言し、「幸い僕の親戚知己は相当の資産家ぞろいだから、五万や十万の金は」用意するともちかけてきたのである。なるほど、この話には一理ある。波瀾万丈とはいえ、会社を経営してまだ一年半に過ぎなかった幸之助に大きな動揺が起こった。

「自分一人で十の仕事をするよりも、二人で三十の仕事をする方がよい」という言葉に惹かれ、この話に乗ってしまうのである。一方で幸之助は、「取締役という名前や、地位にあこがれたのであろう」と俗物的であった自分を振り返る。「地位や名前にあこがれる」素直さ俗物さも、これまた幸之助なのである。

しかし、家に帰って冷静になるとこの友人の性格、手腕、人格もなにも知らないことに思い当たる。さらに、小さいながらもやはり一人でやっていくのがよいのではないかと思い返し、またまた沈鬱な思いに沈んだのだった。大胆な決断もできるが、きわめて気の弱いところもある幸之助は、「ことに友人の家で細君も同席で決めたのに今さらやめるとはどうしても口に出しにくい」などとくよくよする。相手方の妻君の手前、いまさら心変わりというのも恥ずかしいとはずいぶん小心で人間臭いが、それもまた幸之助だった。ようやく四、五日したところで、幸之助は意を決してこの友人を訪ねた。すると本当に驚くべきことが起こっていた。その友人はすでに死亡して葬式まで済んでいたのである。話し合った翌日から急性肺炎に罹り二日ほどで亡くなったという。まさに「夢のような話」だった。「この話が成立していたら、おそらく松下電器の今日はなかった」と幸之助が回想するように、彼の強運を感じさせるエピソードである（松下 1986a：93-97）。

東京進出と井植歳男

一九二〇（大正九）年、バブルの様相を呈していた大戦景気は早くもその反動期を迎えた。しかし、この年に幸之助たちは迫る不況に打ち勝つべく、次々と新たな手を打っていったのである。まず、東京市場に本格参入するために幸之助は東京駐在所の開設を決めた。その役割を担ったのがまだ一七歳の井植歳男だった。歳男は東京駐在でその営業力に思わぬ力を発揮し、販路は大いに拡張した。歳男はむめのの弟だけあって豪放磊落で腹の据わった営業マンだった。その胆力で東京大市場の開拓を担い、松下全体の営業を引っ張ることとなるのであった。

ここでも幸之助の二面性を示す面白いエピソードがある。歳男は夏になって蚊の攻勢に耐えかねて三円の麻製蚊帳を購入した。まだ年端の行かない歳男を東京に送る大胆な決断をしながら、幸之助はこの蚊帳を贅沢だと心底怒るのである。高級蚊帳を購入してしまう歳男の豪傑ぶりと、幸之助の吝嗇

幸之助と妻・むめの，そして少年のような井植歳男
（後列左から２人目が井植，３人目がむめの，大正８年）

な細かさが、二人の性格をよく示している（松下 1986a：99-100）。

歳男はこの東京駐在で企業人として大きく成長し、まさに松下の〝若大将〟になったのである。この頃丁稚をしていた後藤清一（後に松下電器幹部社員、三洋電機副社長）は、関東大震災後に帰阪した歳男を見て、「格段に人間が成長しておられた」と驚いている。「人間は、環境によって、あるいは責任ある仕事を任せられると、こうも変わるもんやな」と（後藤 1972：27）。因みに、幸之助は一九二八（昭和三）年に二三歳になったばかりの後藤清一に第五工場長を命じている。若くても才能あるものに責任ある仕事を与えて成長させているのである。後藤は後に、「当時の松下に人のあるなしは別にしても、そういう大役を部下を信頼して任せきれ

M矢マーク（大正9年）

るところに、松下の今日の隆盛の秘密があるような気がしてならない」、と回想している（後藤 1972：56）。

幸之助の次なる大胆な決断は、電話機の導入だった。当時電話への加盟には約一〇〇〇円もの敷金が必要であり、中小企業にとって電話は高嶺の華であった。しかし、電話には便利さ以上の価値があった。電話があること自体が工場の「信用の尺度」にもなったからである。幸之助は、「この急設電話の開通は、自分はじめ店員の非常な喜びであって、工場としてはようやく一人前になったと深く感じたものである」と、その効用が工場内外の人々にとって如何に大きかったかを述べている。

また、石清水八幡宮の「破魔矢」からヒントを得て、松下のMと破魔矢を組み合わせた「M矢マーク」の商標を創ったのもこの頃だった。『五十年略史』には、「障害を突破し、目標に向かって突き進む意味が込められている」と記されている（『五十年略史』1968：43）。読み書きが得意でなかったという割りには、ローマ字のMの字を矢が射抜く洒落たデザインである。後に見る歩一会の制服もボーイスカウトのようにお洒落である。幸之助にはなかなかのファッションセンスもあったのである。

歩一会（昭和2年頃）

歩一会春季大運動会での制服姿の幸之助（右は娘・幸子）
（昭和8年）

工場拡張と歩一会

さらに、隣家が空くとそこも借り受けて工場に改装し、さらなる増産体制を整えた。この工場にも工夫が凝らされていた。押入れの床を打ち抜いて船室のように上下二段で仕事ができるように改装した。狭い場所で二倍の作業場を確保できる工夫である。これを見た取引先は、「なるほど、松下君とこは安くできるはずやなあ」と感嘆したという（松下 1986a：89）。

また、増え続けた社員をまとめあげるために従業員全員を対象に歩一会という従業員組織を作っている。「松下電器の将来は全員一体をなした精神から出発する」という所主・従業員一体の思いからできた組織だが、その背景には、職工住み込み家屋の借り上げがあった。この頃松下は大戦景気で恒常的な人出不足に悩んでいた。幸之助と一緒に仕事をこなしていたむめのが、明日も工員さんが来てくれるだろうかと悩むよりは、いっそ家を借り上げて住み込みにするのがよいと提案したのだった。

これは「社員は家族」という幸之助の思いを具現化する方策であったが、寮は危険思想の温床になる可能性もあった。一九一七年のロシア革命に触発された共産主義思想の拡散や労働争議が頻発する状況を見ていた幸之助は、組合運動に先手を打つ形で社員組織を作り上げたのである。事実、一九二〇年頃に幸之助自身も工員によるストライキにあっている。各地で頻発する労働争議に触発された工員たちが賃上げを要求して欠勤におよんだ。「さあこれからどんどん行くぞ」と思っていた矢先の出来事に幸之助は烈火の如く怒った。「そんな者とは、苦楽をともにできん。一人も要らん」と全員解雇してしまった（後藤 1972：31）。こんな経験が、工員を家族として迎え、ともに進むという「歩一会」発足の背景にあった。

こうして、幸之助と松下電気はその後の発展を可能とする基礎的な体制、すなわち量産体制、メーカー・問屋直販体制、従業員組織、そしてなによりも高いモチベーションをもった幸之助自身を整えた。幸之助はこの経緯を以下のように後年振り返っている（松下 1986a：103）。

「石の上にも三年」という諺のとおり、無経験と薄資で始めた松下工場も、辛抱刻苦のかいあってかくのごとく発展の緒についたのであった。私はここまでは、偉そうなことをいうたが要するに無我夢中でやってきたにすぎなかった。

確かに、無我夢中な軌跡であった。しかし、振り返れば道理にかなっている。幸之助の経営力に関して、金井壽宏は二つの重要な指摘を行っている（コッター 2008：xi-xii）。ひとつは、幸之助が「学者の理論ではなく、実践家が経験から確立させる持論」をもっていたことである。もうひとつは、その持論が「仕事上の経験」に基づいて急速に成長していった点である。

幸之助には学問があったわけではない。しかし、自分の経験から学び、それを生きた経営理論すなわち持論に展開することができた。それができたのは経験を素直に観察し、素直に実行する力があったからである。したがって、その後幸之助は持論を形成するキーワードとして、「素直」という言葉を座右の銘としていく（松下 1968：12）。硲宗夫も『悲しい目をした男　松下幸之助』の中で、松下語録とは「自分自身の体験から教訓を引き出して〝量産〟したもの」と指摘をしている（硲 1995：29）。

確かに、初期の頃幸之助の語る経営論や人生訓は上から目線の「かくあるべし」といったものではなく、常に体験に根差した「ではないか」あるいは「したいものである」的な語りかけである。この語り口と丁稚から大成功した実績、さらにきわめて病弱な体質などが幸之助の言葉に心を揺さぶる力を与えたのであろう。国民的ベストセラーとなった『道をひらく』の最初のまえがきは、

雨が降れば　人はなにげなく　傘をひらく
この　自然な心の動きに　その素直さに
私たちは日ごろから　あまり気づいてはいない
だが　この素直な心　自然な心のなかにこそ
物事のありのままの姿　真実をつかむ
偉大な力があることを　学びたい

とあたかも散文のような書き出しである（松下 1968：8）。この「雨が降れば傘をさす」、禅のようなシンプルな言葉が、昭和の人々の心を捉えて五二〇万部の売上げを可能としたのだった。

2 念願の工場建設

長女・幸子の誕生

この間、幸之助の私生活には大きな喜びと展望があった。一九二一（大正一〇）年、拡大を続けるアタチンと二股ソケット生産に明け暮れる中、長女・幸子が誕生したのである。幸之助の一字をとってつけられた幸子は、「ええ運を運んでくる子」となった。翌一九二二（大正一一）年には、月商一万五〇〇〇円、従業員二〇人規模の会社になり、手持ち資金は四五〇〇円にも積み上がった。大戦不況の最中にもかかわらず幸之助は、近所の大開町一丁目に一〇〇坪ほどの借地を求めて、初めての工場を建設することを決断した。この住居・本店付き工場は、幸之助が自ら見取り図を描いて業者に立体図面に落としてもらったものだった。業者の見積もりは七〇〇〇円、設備や運転費用を入れると一万円以上の出費となる。幸之助の見積もりは三五〇〇円（二〇〇〇円を手元に残して）であった。そこで、幸之助は棟梁に頼み込んで、住居は別にしてまず工場だけの建設を依頼した。

棟梁の信頼

しかし、棟梁は同時建設の方が安くつくうえ、大いに便利だと譲らない。そこで幸之助は、「建設費の不足分については分割払いを認め、しかも当時の通念を破って建物を支払いの担保にしない」という町場の大工に対してはとんでもない条件を提示した。棟梁はしばらく考えて、幸之助の言葉を信じた。こうして、念願の本社・工場の建設は始まったのであった（『五十年略史』1968：47-48)。「大工が私の言葉を信じての仕事だけに、これを裏切るようなことがあってはならない」、新たなモチベーションが幸之助の心に湧いた。もちろん、この工場にかける想いは棟梁の義侠心に応えるためだけではなかった。この工場は丁稚奉公から叩き上げた幸之助自身の大きな区切りであり、節目だった（松下 1986a：109)。

私はこの工場の前途にどれだけ望みを持ったか、それは言葉にも言い表せない強いものがあった。なにせ、九つの年から二七まで十八年のあいだ、小僧生活より始めて、ようやくここに工場を自力にて建設し得られたのであるから、また過去の努力がようやくにして形をなしたのであるから、その力強い喜びも無理ではなかったろう。

念願の工場（第１次本店，大正11年）

この工場建設はまさに幸之助の最初の金字塔であった。徒手空拳の小僧からスタートして、自分の発明をベースに自分の工場を建設したのである。その喜びはわれわれの想像をはるかに超えるものであったろう。一九二二（大正一一）年に完成した工場は従来の四倍の広さがあり、設備も最新鋭で従業員も三〇人を超えた。

やらない勇気

当時の幸之助は月に一から二個の新製品を開発していた。多くは従前の電気器具をより使い易く、より安価に改良したものだが、それでもその開発意欲は称賛に値する。ただし、何にでも手を出したわけではない。当時キーソケットが人気を博していて、取引先から松下電器にもキーソケットの製造要請がきていた。キーソケットとは手元で電源を操作できる便利品だが、競合他社の多い厳しい製品だった。熟慮の末に幸之助はやらないという判断を左記のようにしている（松下 1986a：112）。

当時の市場を調査してみると、依然として競争が激しく、それにキーソケットは相当研究し尽くされていて、革命的な改良を施すこともできないから、やるとすれば皆に伍して競争していかねばならぬ。なおこの時考えさせられた問題は、各社は競争しているが、東京電気（後の東芝の前身）のみ、ひとり競争圏外に立って独自の値段を発表していることである。そこで私は考えた。今、松下工場に製品整備のうえからいって、キーソケットの必要ありとはいえ、東京電気のごとき独自の値段を出すことの見込みのない松下工場としては、東京電気以外のメーカー間の競争場裡に伍して、キーソケットを作ることははなはだ無理だと考えられた。キーソケットはほしいが、無理をしてはいかん。

明らかにこの段階で幸之助は経営者となっていた。冷静に市場環境を分析し、彼の得意な「革命的」製品差別化が難しいとなると、結局は弱小メーカー間の価格競争に陥ると読んだ。しかも、市場には価格主導権を握る巨人、東京電気が存在する。「無理をしてはいかん」、彼は戦略的に「やりたいことを止める」決断のできる経営者になっていたのである。

砲弾型ランプの開発

竣工した新工場で幸之助はさらなる飛躍を約束する画期的商品の開発を思案し続けた。彼が目をつけたのが、かつて丁稚奉公をしていた自転車関連製品だった。小僧時代とは違って、自転車はすでに国民の足になっていた。庶民にとって自転車は昼も夜も使いたい交通手段だったが、問題は夜間走行だった。当時もっとも簡便であったのがローソクであったが、風や走行自体に弱く明らかに不便であった。輸入高級車にはアセチレンを用いたガス・ランプも存在したが庶民には高価過ぎる。選択肢は電池式しかないのだが、電池代が高いうえ二〜三時間しかもたず、構造上も不安定であった。幸之助はそこに爆発的な潜在需要を見いだした。前述したように、自転車店と大阪電燈というバラバラな経験（ドット）が繋がった。イノベーションは新しい組み合わせなのである。

幸之助は、簡単で丈夫な構造のうえ、電池は一〇時間以上持続させることを開発目標にして、なにしろ経済性の高いランプ開発に焦点を絞った。丈夫な構造という点では、ランプを自転車に取りつけるブラケットが折れやすいというのが問題であった。その強度を上げるために、繰り返された試作品

電池式砲弾型自転車ランプ（大正12年）

は半年間で一〇〇個近くに上った。当時、工員となっていた後藤清一は砲弾型ランプ製作にあたって、耐久試験のために「ひと月もふた月も毎晩終業後に自転車を走らせた」と回想している（後藤 1972：38）。幸之助はとくに「デコボコ道」での試乗を要求したため、後藤は毎晩銭湯で尻が痛かったのを覚えている。幸之助のヒット商品への執着力である。

もうひとつのボトルネックは電池。「苦心をしたのはここであった。当時出ていた多くの電池ランプは、皆、大懐中、大探検用という市場標準品を使っていたのである」と幸之助は述べる。「それではどうしても革命的なものができなかった」（松下 1986a：116）。

幸之助は関西や東京の一流電池メーカーと彼の開発目標の話をしたが、新興勢力の一角にしか過ぎない松下の要求に誰も応えようとしない。これでは埒が明かないと、東京の二流メーカー十余軒から電池を取り寄せて熱心に比較検討し、砲弾型ランプに適した一社を選出し、そこに特注することに決めた。

さらに幸之助が幸運だったのは、ちょうどこの頃、五倍球と呼ばれた一二〇～一三〇ミリアンペアの電流で三〇〜五〇時間も連続点灯する豆電球が出現したことだった。従来の四〇〇〜五〇〇ミリアンペアのものに比較すれば省電力という点で画期的製品だった。

これを単なる幸運あるいは物真似と片づけることはできない。この豆電球を使う機会に恵まれたのは、幸之助だけだったわけではない。しかし、新しい部品を探し出し、積極的に採用し、改良したのは幸之助だけだった。発明プロセスにおいて、セレンディピティ（serendipity＝偶察性）という言葉がある。予期せぬ偶然によって新しい発明が生まれることである。しかし、セレンディピティに関しては、それは単なる偶然ではなく、「準備された心（a prepared mind）」の結果であるという意見が多数である（酒井 2006：126-128）。幸之助は寝ても覚めても新しい自転車ランプのことを考えていた。だからこそ、この豆電球も幸之助の目にいち早く飛び込んで来たのである。

ニュートンはリンゴが落ちるのを見て万有引力を思いついたのではなく、自然現象を常に考え続けていたため、リンゴの落下にそのヒントを得た。それと同じである。

さて、性能といい、デザインといい、これは絶対に売れると確信した幸之助は砲弾型の木型ケース、特殊電池、豆電球を大量発注し、ランプの大量生産を決断した。

この開発販売過程で幸之助の製品開発・販売に関する三つの明確な指針が出来上がりつつあったことが理解される。

①革命性・②デザイン性・③マーケティング

ひとつはその製品開発の革命性である。キーソケットや電池式ランプ製造に関して、彼は常に従来にはない「革命的な改良」「革命的なもの」を指向した。この段階で幸之助の頭の中に、現在のイノベーション研究で多用される「革命的」という概念が存在したことに大きな驚きを覚える。しかし、この革命的というのは、これまでにない「破壊的（disruptive）」という意味ではなく、むしろこれまでの延長線上、「漸進的（incremental）」だが、「従来にはない改良あるいは改善」のことを指していた。幸之助は、改良・改善によって顧客に価格以上の新鮮な驚きをもたらすことに大きな関心を抱くようになっていた。ただし、彼の改良・改善はそれまで存在していない技術原理の開発やまったく新しい設計思想に基づくプロダクト・イノベーション（製品革新）の追求ではない。むしろ、既存の製品を市場ニーズに合わせる型のプロセス・イノベーションである。革命的な改良を行うためには、既存のものでもすべて利用する、これこそプロセス・イノベーション活動そのものである。その意味で、幸之助を「日本のエジソン」と簡単に呼ぶのにはちょっと違和感を覚える。

トーマス・エジソンは同じ独学とはいえ電気の原理や新商品開発（プロダクト・イノベーション）を指向した人物であり、幸之助の大衆マーケットを意識したプロセス指向とは異なるからである。幸之助自身がいうように彼の発明は、「みんな器用さで考えられることばかりで、学問的発明ではない。しかし、それが販売に非常に役だった」というものである（松下 1986b：43）。幸之助がイノベーティブでなかったということではない。前述したように、プロセス・イノベーションもプロダクト・イノベーション同様に重要なイノベーションであり、むしろ企業の競争力を決定するのはプロセス・イノベーションなのである。プロセス・イノベーションの重要性を最初に強く指摘したのは、ハーバード・ビジネススクールで教鞭を執っていた故ウィリアム・アバナシー教授であった（Abernathy 1978）。繰り返しになるが、幸之助はエジソンとは違うタイプのイノベーターだったのである。

二つ目は、幸之助の製品意匠すなわちデザインに対する高い関心とセンスの良さである。砲弾型ランプにしても幸之助はデザインに強いこだわりをもっていた。完成したランプを自慢げにむめのに見せると、彼女は「それにしても、変わった形ですな」といった。幸之助は「これは今はやりの流線型、いうスタイルなんや。砲弾型ともいう」と答えた（髙橋 2011：149-150）。

前述したようにこの商品の開発目標は「簡単で丈夫な構造」と「一〇時間以上電池がもつという経済性」であった。しかし、彼の頭には「今はやり」というデザインにも目配りがあったのである。これは、以前のアタッチメント（アタチン）や二股ソケットでも同じで、市価の三割安いというのも魅力的であったが、そのデザインも好評だった。幸之助自身もアタチンのヒットに関して、安さに加えて「当時としては、最もモダンな新しい型のものであった」と振り返っている。

さらに三つ目が、幸之助の不屈のマーケターとしての姿勢であった。砲弾型ランプは幸之助の自信作であったため、得意先の電器問屋の店主たちから、「これは良い、大いに売れると思う」という返事を期待していた。しかし、店主たちの乾電池ランプに対する反応は決して芳しいものではなかった。当時市販の乾電池は故障や不具合が多いうえ、幸之助のランプは特注した電池が使ってある。「特殊電池だから買った人が困る。どこにもスペアがない」と警戒心を抱かせたのである。彼の言葉を借りれば、「特徴が欠陥」になってしまった（松下 1986a：124）。彼は考えた、過去の経験で凝り固まった電器問屋店では埒が明かない、むしろ直接自転車問屋に売り込もうと。まずは、マーケティング・チャネルの変更である。

しかし、自転車問屋はさらにけんもほろろの対応であった。電器問屋店では徐々に名前の売れてきた松下だが、自転車業界ではまったく無名の新興メーカーだったからである。

「特殊電池で売りにくい。電池ランプはこりごりだ」という電器問屋・自転車問屋の声が上がる一方で、大ヒットを確信してすでに大量発注してしまった電池や砲弾型木箱。積み上がる在庫の前で、幸之助はさらなる果敢な決断をする。まったく新しい商品を口頭で説明しても、その真価は伝わらない。「売るというよりもその真価を知ってもらうために使ってもらうことだ」と考えて、小売店で実際に使ってもらうこととしたのである。

自転車ランプの無料配布

資本の続く限り自転車店に無料で二〜三個のランプをおいてもらい、そのうちのひとつを預けた時に点灯して三〇時間以上点灯した場合は、残りのランプを売ってもらうという方法である。しかも、代金は売れた時にという大胆な戦略であった。

いわば、体験型マーケティングである。そのために、三人の専門外交員を募集して大阪中の自転車店に徹底的に店頭置きを展開した。大阪中にばらまくランプの数は一万個、代金にして一万五、六〇〇〇円にもなる大金だった。これは松下社の命運を賭けた決断であった。しかし、幸之助には自信があった。

事実、外交員からの報告は日に日に良くなっていく。「二、三ヶ月もすると、小売屋さんから、外交員が回るのを待ち切れずに電話や葉書で注文がくるようになった」。さらに、小売店は直接注文するのが面倒になり、問屋に注文するようになった。松下のランプは売れるという評判が問屋側に伝わると、現金なもので問屋側からも注文がはじまったのである。新しいものには新しいチャネル、さらに新しいものを理解させるには体感させる。マーケティングの基本といえば基本だが、幸之助には売れるモノづくりだけでなく、売れる売り方まで考える力があったのである。

一方で、この実践的な販売方法を思いついたのは井植歳男であったという指摘もある。確かに、幸之助よりも販売に精通し、より大胆であったのは歳男であった（裕 1995：184-185）。このことについて、幸之助はまったく触れることはない。こうしたことが二人の間に大きな溝をつくっていくのだった。

さらに、幸之助は全国的な販売をより効率的にする方法として代理店方式を考える。しかも、代理店になるには二〇〇〇円の保証金を松下に支払うという強気の代理店制度であった。はじめに名古屋で代理店に名乗りを上げた商店たちが大きな利益を上げているのを見て、各地に次々と代理店が名乗りをあげ、全国に松下の代理店販売網が展開されたのである。しかし、販売代理店が多すぎるのも決して効率がいいわけではない。

3　山本商店への一手販売権譲渡

代理店制度と「敵に教えられる」

そんな時に、幸之助は自分の商売の土俵をひとつ上げるような人物に邂逅している。山本武信である。山本は大阪で化粧品の製造卸を行い、海外の中国やアメリカにまで輸出をしていた商売人であった。山本商店は、幸之助曰く「大阪では信用もあり、商売も大きく、松下工場よりもはるかに大であった」（松下 1986a：134）。この山本が幸之助の砲弾型ランプを高く評価し、大阪府下の一手販売権を申し入れたのであった。幸之助は喜んでこの申し入れを受けている。

「敵に教えられる」とは幸之助のベストセラー『道をひらく』の一節の言葉である。前述したように、彼は自らの経験から学び、成長し、その経験を普遍化していった経営者だった。さらに優れた点は、その経験が失敗だったり、苦しかったりする場合も大いに学んだ点である。山本は幸之助にとってまさに好敵手であった。

幸之助は山本を、「私同様何らの学歴もないが、海外貿易を志して、南洋方面へ七、八回も旅行し、米国にも行き、わが商権を発揚した立志伝中にはいる人」として尊敬し、とくに世界恐慌時に見せた清廉潔白な商人道にいたく感激していた。山本は、第一次世界大戦後の反動不況で不渡りになる直前に、銀行にすべての私財を投じて、進退を預けるという潔い態度により事態を乗り切り、銀行からさらに厚い信用を得たことが評判の人物であった。幸之助はその姿勢に感激していたのである（松下 1986a：134-136）。ところが、その山本は商売に関しては非常に厳しく、かつわがままな人物であった。したがって、幸之助とはしばしば意見の衝突を繰り返した。その決定打が、一九二四（大正一三）年頃より明らかになった山本の傍若無人な振る舞いだった。

山本商店は大阪府下の一手販売権をもつ代理店であったが、山本商店から商品を購入した大阪の卸商がそれを地方に横流しをする状況になってきた。圧迫を受けた地方代理店は松下工場に次々と苦情を寄せ、幸之助も山本に善処を迫るが一向に改善しない。幸之助は山本氏に契約違反だと文句をいうと、「私の方は大阪府下の一手販売代理店だから、他地方には売っておりません。だから契約違反ではありません」とけんもほろろ。しかし、大阪府下の卸商が地方に流して、地方代理店が圧迫を受けている事情を説明すると、山本はさらに高圧的であった（松下 1986a：139-140）。

それは松下君だめだよ。市内の問屋へ販売すれば地方へ流れることは当然のことで、そんなことは最初からわかりきったことだ。それをとやかくいうてくるとは君もよほどどうかしているね。結局きみは全国的の商売の実態ということすら知らないということだ。もっとしっかりせんとだめではないか。問屋を通じて地方へ流れる商品に対しては、その地方代理店として十分競争に耐え得る立場があるのだから、多少は流れても根本的に地方代理店が立ち行かぬことはないと思う。だからそんな苦情に対しては、君のほうでもっと力強く、その当を得ない点を話さねばだめだ。僕のほうはそんなことで、君からの苦情を聞かされては困るよ。

逆に説教される有様であった。この文章は幸之助が後に書き起こしたものだが、山本の若い幸之助を見下した物言いがいかにも癇にさわる。にもかかわらず、幸之助は「一応もっともだ」と納得してしまう。

これでは一手販売権を結んだ地方代理店は納得がいかない。彼らの苦情はますます強くなり、幸之助はやむなく初めての代理店会議を大阪で開催し、両者の妥協点を求めようとした。しかし、両者の対立は次第に感情的になり、その溝は埋まらなかった。何とか丸く収めたかった幸之助に対して、山本側は止めたいのならば松下側が二万円の違約金を出せという驚くべき提案をしてきた（松下 1986b：151）。

私のほうの方針を変更しなければならぬようならば代理店引受は解除する。そのかわり松下電器において、違約金として金二万円也を提供せよ。さすれば潔く手を引く。さもなくば全国の販売権を僕に譲渡せよ。しからば地方代理店は、僕の大事な得意となるから、したがって、その立場を尊重し、この代理店制度を踏襲して円満協力して販売拡大に邁進することができる。

要するに松下が二万円という法外な違約金を払うか、全国一手販売権の山本への譲渡であった。新工場の見積もりが一万円足らずであったことから、二万円とは途方もない金額である。かといって、販売権をすべて譲歩して下請け製造会社に成り下がっていいのか。幸之助は大いに悩んだ。山本商店とのゴタゴタを引き摺ったまま翌一九二五(大正一四)年を迎えることとなるが、エキセル砲弾型ランプの売れ行きは好調で、第二工場も三月には完成した。ここで幸之助は再び大胆な決断をすることになる。山本への一手販売権の譲渡である(松下 1986a:153-156)。

譲渡に当たって、幸之助は「もっかのところ月額一万個に達しているのだが、この月額一万個を減らさぬという確信がありますか、またそれが保証できますか」と山本に詰め寄り、山本も上から目線で「松下君、僕は商売は君より少々じょうずなつもりだよ。確信がなくてあんな主張ができるものかね」と応じた。幸之助は山本のこの自信に乗じて巧みな条件を提示する。幸之助は敵から学ぶだけでなく、敵を唸らせる交渉能力を身につけていたのである。

彼の示した条件は、契約期間三年で、

①エキセルの商標権、新案権を三万二〇〇〇円で山本が松下より買い取る。

②ランプ、電池の製造権は松下がこれを保持してこれが製造供給に当たる。
③月額一万個以上は松下がこれを製造し、山本がこれを責任をもって販売する。
④地方代理店へ対してはひとまず松下の方針を踏襲すること。

この契約の絶妙なところは、一見法外にも思える三万二〇〇〇円の契約金だが、内実はこれまで一円四五銭で卸していた単価を一円三五銭に一〇銭値下げすることが前提であった。この値下げで、山本側には、月一万個分として一〇〇〇円、年一万二〇〇〇円、三年間で三万六〇〇〇円の割引となる。すなわち、山本側に四〇〇〇円の利益が出るという計算であった。さらに、山本側が努力して一万個以上を売れば、それだけ利益が膨らみ、逆に一万個を割り込めば権利金負担が多くなるという、巧妙なものであった。

一九二五（大正一四）年五月一八日山本は三万二〇〇〇円を支払い、契約書は不備のないように公証役場で締結された。幸之助は山本の太っ腹に大いなる敬意をはらった。

なぜ幸之助はここでヒット商品エキセルランプの商標と販売権をすべて譲渡したのだろうか。それは、この頃すでに彼にはより大きな夢が芽生えていたのである。「自分には本業の電気器具製造の大きな仕事がある」、幸之助にとって「自転車ランプは副業的なもの」だったのである。

長男の誕生と死、むめのとの葛藤

一九二六（大正一五）年に、待望の長男・幸一が誕生した。この長男の誕生、喜び、湧き上がった希望。それについては、代表的自叙伝『私の行き方　考え方』で、有頂天になった自分を以下のように語っている（松下 1986a：225）。

待望の子供が生まれた。しかも男子である。なんという喜びか。店は順調にいく、区会議員には当選する、長女が健やかに育つ、待望の第二世が出生する、しかも丸々と太った立派な男の子で、三越の赤ん坊審査会では最優良児とし表彰されたという調子。順風に満帆のごとき伸展ぶりである。全く自分は幸運児だ、いやいや自分は偉いのだと、いささか得意にならざるを得なかった。

この幸一と名づけられた珠玉のような男の子は、井植家の大柄な血を引いて大阪三越の健康優良児として顕彰されたほどの健康体であった。しかし、残念ながら幸一は翌一九二七年一月に脳症を患い危篤状態に陥り、夭逝してしまったのである。しかも、発症したのが幸之助の東京出張中の出来事であった。帰阪した時はすでに意識はなく、手厚い看護の甲斐もなく幼子は旅立った。

幸之助の有頂天は無残に打ちくだかれた。これがどれほどの衝撃であったのかについて、われわれは知るすべもない。しかし、幸之助がこのことにほとんど触れない沈黙の事実、のちに見せる婿養子やその息子（孫）の社長就任への強烈なこだわりを知るにつけ、幸一の死がもたらした言いしれぬ悲しみと苦しみの大きさに思い至る（岩瀬 2014）。その時以来、松下家に幸一の遺影は二度と飾られることもなく、話題になることもなかった。さらに、この悲しみの大きさを知るエピソードは、幸之助とむめのの晩年、豪邸の蔵の奥に密かにしまわれた三越の健康最優良児の表彰状が発見された、という記述である（髙橋 2011：176）。

この頃から幸之助の自伝には、妻むめのに関する記述も少なくなり、彼女の表面的な経営関与も少なくなっていく。もちろん、松下社員の婦人会を組織し、松下家族経営の母としての存在は続くのだが、幸之助と一心同体という感じはしない。後年、朝日新聞記者であった下村満子のインタビューで、「お二人は共稼ぎだった」という質問に、「少なくとも、ま、五年間は完全な共稼ぎだったですね。うん」と答えている（下村 1981：189）。実際に五年ということはないし、あれほど悪戦苦闘した創業期の思い出に関しては言葉少なである。さらに、毎日新聞記者であった硲宗夫が仕事人間であった幸之助に、「奥さんには苦労をかけましたね」と聞いた時、彼は「すまなかった、と反省しているんですね。この年になって初めて妻の苦しみがわかってねえ」と答えている（硲 1995：12）。

すでに公になったことだが、幸之助には愛人と四人の子供が存在した。幸之助の「すまなかった」という言葉には、この二重生活に関する謝罪があった。同時に幸一の死を契機にむめのに対して心を閉ざしてしまった謝罪であったのではなかろうか。これまで見てきたように、あるいはこれから見ていくように幸之助は、大胆果敢な決断をする一方で、細かなことにくよくよ悩み、些細なことに癇癪を爆発させる人間だった。彼のこうした性格を知るにつけ、幸之助は幸一の死をどうしても受け入れられなかったと思わざるを得ない。さらにいえば、この件でむめのに心を開くことができなくなったのではないか。

第三章　勝利の方程式と多角化戦略

1　ナショナル・ブランドの誕生

山本商店との決別と産業人の自覚

前章で述べたように、山本商店に一手販売権を譲った契約書では、契約ノルマの月一万個以上を売ると山本商店にとって契約金が割安になるというインセンティブがついていた。商品の良さとも相まって、山本商店によるエキセルランプの売上げは大好調であった。ところが、肺尖カタルを患って以来、一層病弱となった幸之助はこの頃から不眠症にも悩まされる。大胆な決断ができる一方で、細々と心配性で、夜に眠れないと商売のことについてさまざまな思いが頭の中を巡ってくるのだった。こうして夜も寝ずに考え続ける幸之助にとって、山本商店と結んだ一手販売権や好調な売上げも次第に飽き足らないものとなっていた。

自分の経営手法のあるべき姿や勝利の方程式に対する学びの速度が、恐ろしく速くなっていたのである。

山本商店に一手販売権を譲った後も、幸之助の事業欲は衰えるどころかますます膨らんでいった。砲弾型ランプ製造の第二工場はもちろん、一九二六（大正一五）年には第一工場のソケットなどの電気器具製造に加えてラジオ部品の製造が開始された。ラジオは自転車と並んで国民の必需品になりつつあり、松下電器の飛躍の一助となるものであった。

山本商店との取引は順調で月商五万円を超えるまでにもなった。松下は製造に専念すればよく、「非常に気楽な」状態に落ち着いたわけである。幸之助は当時を以下のように振り返る（松下 1986a：188）。

急に一つの事業の、しかも創業まもない拡充時期の電池ランプが、山本商店にその販売を一任したので、急に一方の肩が軽くなったようなわけだった。この当時しばらくのあいだは非常に楽な日々を過ごしたことを思い出すと、当時が懐かしく思われてならぬ。今日までの自分はまず奮闘の連続といってもよいほどであったが、そのうちにこの当時だけは非常にのんびりとした経営気分を味わったのであった。

普通であれば、この状況に満足して製造に徹していくのだろうが、幸之助は違った。自転車ランプの売上げが好調になればなるほど、この商品は一過性の流行ではなく国民の必需品（幸之助の言葉を借りれば永久的実用品）だと思うようになった。それなりの恒久策、すなわちさらなる価格引き下げと製品改良が必要と考えたのであった。同時に、競合のいない現状に甘んじていることが次第に危険なことと思えてきた。幸之助の楽観主義の裏にある心配性の側面がでてきたのであった。

一方の山本は、「この電池ランプは、そう永久的な商品寿命のあるものではない。もしあるとしても、われわれ純商売人として決定すべきものでもない。製造家たる君としては永久的に考えるのも一応はもっともだと思うが、これを商売的に見る時、またその権利の責任料として三万円からを支払うてある点から考えて、三年なり、五年なりの一定期間内に収支が合うように計画を立てるのが商売道の定義」として、「十年も二十年もこの種のものが売れると考えて立案する君の意見は当方の賛成できない点である」と幸

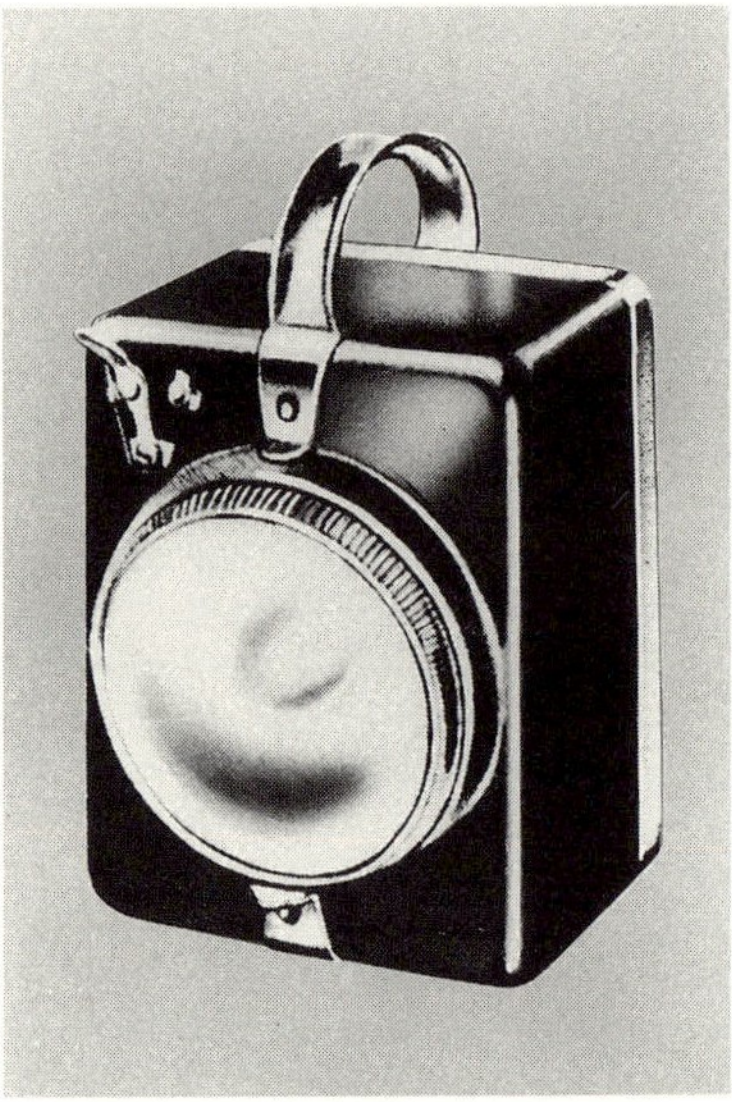

角型ナショナルランプ（昭和２年）

之助の長期志向には真っ向反対であった（松下 1986a：188）。

幸之助はこうした商人道一徹を貫く山本を尊敬しつつも、新たな着想に囚われていく。新型ランプの製作である。新しいランプは角型で自転車の先頭につけることもできるが、取り外して懐中電灯としても利用できる。有望なような気がするが、どれほどの需要があるかは読めない。しかし、幸之助はどうしても自分で開発して、自分の売り方で売ってみたいと切望するようになった。そこで、幸之助は山本にこの新型ランプを電器店に限って自分で売る許可を願い出たのだった。

契約はあと一年もすれば終るのだから、その後に独自に売ればいいだけの話だが、幸之助は敢えて契約期間中に交渉をもちかけた。その理由は、幸之助の情誼に厚い心にあった。山本武信とは商売のやり方を巡って始終議論しあってはきたが、彼の商人道に徹する姿勢や売上げ拡大を幸之助は信用していた。したがって、契約期限が来たからと、彼とは縁を切るような真似はしたくなかったのである。もちろん、砲弾型に関しては山本商店に継続してもらいたいという思いもあったろう。

しかし、山本の返事は全否定であった。それどころか、敢えて松下がやるというならば代償として一万円を支払えと要求したのだった。一万円とは決して小さな額ではない。まだ売り出してもいないランプの製造販売に、まず一万円を支払えというのである。幸之助は、「このドギッたところが山本氏の偉いところであり、またその強さである」と冷静に受け止めているが、やはり一万円の代償金とは法外である。新しい商品の製造販売ゆえに契約に違反するわけでもないから、強硬突破も可能な状況であった。熟慮の末、幸之助はなんとこの申し出を受け入れ、一万円を支払ったのである。「松下君、それは本当か。現金で一万円だよ」、と驚いたのは山本の方だった。確かに、商品はまだ考案したばかりで、海のものとも山のものともわからぬものであった。したがって、山本の方も幸之助がまさか本気で支払ってくるとは思っていなかった。しかし、彼は「長年の主張である自己の方針どおりの販売をしてみたい」と賭けに出たのである。この背景には幸之助自身がこの数年間に「産業人」として大きく成長し、自分なりの「理想や人生観」を育んだことに要因があった。彼はこう振り返る（松下 1986a：189）。

両者の意見の対立はその後も続いた。しかも双方自説をもって最良なりと堅持したものの、そこに意地も感情もさしはさんではならぬと考えていた。根本的に経営の見方を異にしているところにすべてが原因する。すなわち、商売に対する人生観を異にしているということになるわけである。だからお互いに説得する程度のなまやさしいものではなかった。

松下幸之助、三二歳。この頃から、確固たる「産業人」としての経営観を確立し始めていく。それは右のものを左に流して鞘を得る商人道とは違い、一般市民の生活に役立つ商品を製造し、恒久的な価値提供を続けていくという産業人としての自覚であった。その思いを貫くのに、一万円は高くはなかったのだろう。

インターナショナルから「ナショナル」を

一万円もの代償金を払っても、砲弾型エキセルランプの商標と販売権は山本商店に残った。幸之助にとって新しい角型ランプを製造するには、新しいブランドというよりもなによりも名前が必要であった。幸之助はここでも意外な手腕を見せる。その後、あの字体と相まって日本中の家電の代名詞にまでなる「ナショナル」という名前の採用である。彼は新聞で見た「インターナショナル」という文字からの発想でまったくの偶然と説明しているが、激動の時代にアンテナの立っている幸之助の情報感受性がもたらした僥倖だろう。一九一七（大正六）年に帝政ロシアが打倒され、日本にも社会主義革命への希望が押し寄せていた。その連帯歌としての「インターナショナル」のことが新聞に載っていた。彼は左記のように回想する（松下 1968：195-196）。

あるとき新聞でフト目についたのが「インターナショナル」の文字であった。このとき不思議にピンと頭にきたものがあった。しかし英語を知らない自分は「インターナショナル」の意味がわからないままに、なにかロシアの革命に関する言葉かと考えながら、字引を引いてみると「国際的」というような解釈があり、「ナショナル」だけでは「国民の、全国の」という解釈があった。さらにそれに関連してこの当時、日本にもぼつぼつ売り出されたナショナル金銭登録器の名が頭に浮かんだ。

そうだ！ナショナルにしよう。

電池一万個タダでください！

こうして名づけられた角型ナショナルランプは、まさに「国民の、全国の」必需品になった。幸之助は、「一万円の代償を払って売り出したものだけに、自然一生懸命に」なった。それは安価で高性能というものづくりを徹底しただけでなく、売り方にも大きな工夫をしたということである。まず、全国代理店制度も、山本商店との経験から横流しや漏れのないように手直ししたが、画期的だったのはその売り方であった。

初期のナショナルマーク（蓄電池，昭和12年）

前述したように、幸之助はマーケティングに関してもことの要諦を鷲摑みにする才能があった。砲弾型の時も販売員を雇って自転車店店頭にまずは置いてもらい、代金は後という方法を採ったが、今回はさらに大胆な方法を採った。

今度はなんとランプ一万台を市場に無料提供する、すなわち電器店・自転車店にバラまくという戦略を実行したのだった。売価が一円二五銭と想定されていたから、一万台となるとそれこそ一万円を超える先行投資である。逆にいえば、それだけ幸之助の自信作であったということである。この無料配布は当時としてはまったくの非常識であった。しかし、八〇年後の現在、シリコンバレーを中心にソフトウェアを無料で配るフリーミアム戦略が主戦場になっている。幸之助はマーケターとしても先駆者であった。

さて一万台のランプを配るということは、一万個の電池が必要だということであった。幸之助はここでも大胆な交渉を展開する。当時電池製造の最大手の一社であった岡田電気商会に出向いて、「電池一万個の無償提供」を依頼したのである。ただし、きわめて戦略的な条件を以下のようにつけていた（松下 1986a：199–200）。

岡田さん、あなたが驚かれるのもそれは無理ありません。しかし私は今、非常な確信をもっていますから、これを決行しようと思います。しかし、あなたに一万個もゆえなくタダでもらおうとは思っていません、それには条件をつけましょう。今月は四月です。年内に電池を二十万個売ってみせましょう。その時に一万個まけてください。そのかわり二十万個が一個でも欠けたら、一個もまけていただきません。

はじめからタダで提供しろという訳ではない、二〇万個以上売った時に一万個分を無料にしろという交渉だった。これに対して、「ははあ!!タダですか？一万個も？」と驚いていた岡田も幸之助の話を聞いて、「松下さん、あんたは偉い」と快諾した。幸之助はタダでもらったつもりでランプ一万台をバラまきはじめたが、一〇〇〇台も配り終えた頃には逆に注文が殺到しはじめ、一二月には約束の二〇万個をはるかに超えて四七万個を岡田乾電池に発注していたのだった。

ナショナルランプはまさに国民のランプになった。

2　勝利の方程式と多角化の道程

生活者視点と規模の経済性

一九二七（昭和二）年に、松下電気器具製作所は「電熱器」分野に進出する。アタッチメントや二股ソケットを中心とした配線器具部門、ナショナルランプを中心とした乾電池型ランプ部門に加えた第三分野への多角化であった。この時点での三分野は技術的に強い関連性はなかったが、そこには幸之助の経営哲学あるいは勝利の方程式というべきものが共通していた。

幸之助の製品開発のあり方をはじめて的確に指摘したのは、創業五〇年を記念して発刊された『松下電器五十年の略史』である（『五十年略史』1968：63）。まず、発想はすべて身近な生活の中にあった。

松下会長は、このランプのほかに、創業の基礎を作ったアタッチメント・プラグ、二灯用プラグなどの配線器具をはじめ多くの製品を考案し、現在一〇〇件の特許、実用新案をもっているが、これらは、すべて自分自身や一般大衆の生活の中にある身近なものを工夫改良し、より便利な、より経済的なものにしようとする意欲から生まれてきた。まず技術知識があって、その応用を考える、――その応用の中に大衆製品も含まれているという方向とは逆であった。自分の体験と大衆の生活の中から生まれてきた技術である。そして、このことが松下の事業展開の方向を自然に決定したのである。

幸之助の商品は常に自分自身や一般大衆が望むもの、現代の言葉でいう「マーケット・イン」の発想から生まれでたものだった。はじめに技術商品ありきの「プロダクト・アウト」的なものではなかった。

もうひとつの方程式は「規模の経済性」に根ざした大幅なコストダウンである。大正から昭和にかけて日本大衆の電化は大いに進んだ。一九一七（大正六）年に日本の工場動力の電化率は五〇パーセントを超え、一九二〇年には電力過剰問題が起こり電力会社の再編成が進み、翌年には社団法人日本電気協会が設立されている。さらに、一九二七（昭和二）年には電灯普及率が八七パーセントに達していた。もう少し身近なデータでいえば、一九一四（大正三）年に家庭用電熱器供給制度が開始され、翌年には電熱パーマが日本女性に大流行した。こうした情勢から松下にも電熱部が創設された。中でも幸之助はアイロンの急速な普及を予想し、その後、研究開発担当副社長になる中尾哲二郎に開発を託した。

明確な顧客像を描く力

この時の顧客像の捉え方が、幸之助の生産者およびマーケターとしてのただならぬセンスを物語っている。ターゲット顧客の職業、月収、生活パターンなどの個人属性（ペルソナ）を明確に設定し、開発目標としているのである。幸之助からアイロン開発の相談を受けた中尾哲二郎は、幸之助の明確さを以下のように回想している（松下監修 1982：69-70）。

合理的な設計と生産、合理的な販売によって、できるだけ安くしたい。目標は、現在、師範学校を卒業して小学校の先生になっている人たちは月給二十七円ぐらいで、だいたい二階借りをして暮している。このような人たちにも楽に買える電熱器をつくりたい。そこに目をつけようやないか。電熱器の中でも一番よく使われているのはアイロンだが、価格は国産のものが七、八円、アメリカから入ってきたものは十五円くらいしている。しかしそういう師範学校を出たての人たちにも買ってもらうには二円五十銭にしなければいけない。松下は、優秀な製品を徹底的に安く量産して、電熱の恩典にだれでも浴せるようにしようではないか。

まったく脱帽するしかないほどの想像力と創造力である。現在でこそ顧客ペルソナの具体的把握が強調されるが、この段階で幸之助が顧客を「師範学校卒業の二階暮らしの小学校教員」とはっきりイメージしていたことには驚くしかない。「電熱の恩典にだれでも浴せるようにしようではないか」との呼びかけに、若く正義感に燃える中尾は感動した。「それは大賛成です。性能は最高のものであっても、つくり方を工夫すればその値段でいい製品ができるように思います」と。

当時のアイロンはウエスティングハウスからの輸入品に加えて東西の大手三社に多数の小規模企業が年産一〇万台程度を供給するようなマーケットだった。家庭でアイロンをかけるという習慣がなかったこともあるが、その普及に歯止めをかけていたのは価格だった。アイロンを所有していたのは、幸之助の言葉を借りれば「ハイカラな家庭か、インテリの豊かな家庭」であった（松下 1986a：206）。

新機軸を編み出す

幸之助は、アイロン開発に当たって、品質に関しては他社の一流品よりも優るとも劣らないことと、価格に関しては市販品よりも三割安いことを開発指針にした。なぜ価格が下がらないのか、彼は「大量生産の工程をとることができないところに勢い高価な値段が常識」とされていると分析していた。

彼は開発担当の中尾に、「品質はほかより絶対に劣らざること、むしろそこに一つの新機軸を編み出すこと」を要求する。一方で、「月産一万個も造れば安くできることが可能なれば一万個造ってもよい、また一万五千個の大量を造らなければそれだけ安くならないということであれば一万五千個造ろうではないか」と発破をかけた。中尾は月産一万個で高品質・低価格を実現できると計算した。

自転車ランプ製造の経験から、幸之助の勝利の方程式は以下のように決まっていった。

①商品開発は身近なニーズから＝マーケット・イン。

②製品はどこよりも高品質であること（幸之助がこの段階で現在のイノベーションに当たる「新機軸」という言葉を使っていることが目を引く）。

③価格は三割近く安いこと。

④低価格を実現できる数量を確保すること。

ここでの要諦は、より高機能で使い易く、価格はどこよりも安くするというプロセス・イノベーションをベースに、大量生産の徹底追求であった。

砲弾型ランプや角型ランプの時は、置き売りや無料配布によって需要を喚起したように見えるが、実はマーケット・シェアの拡大であった。角型ランプは半年ほどで四七万台を売り上げたが、当時の自転車保有台数は約四一〇万台と推計されている。したがって、すでに存在していた自転車市場の一〇数パーセントを取ったにすぎない（自転車産業振興協会編 1973：244-245）。ただし、そのシェアを取るためには、まず商品認知・性能認知が重要だった。そこで、幸之助たちが考えたのが置き売りであり、無料配布だった。

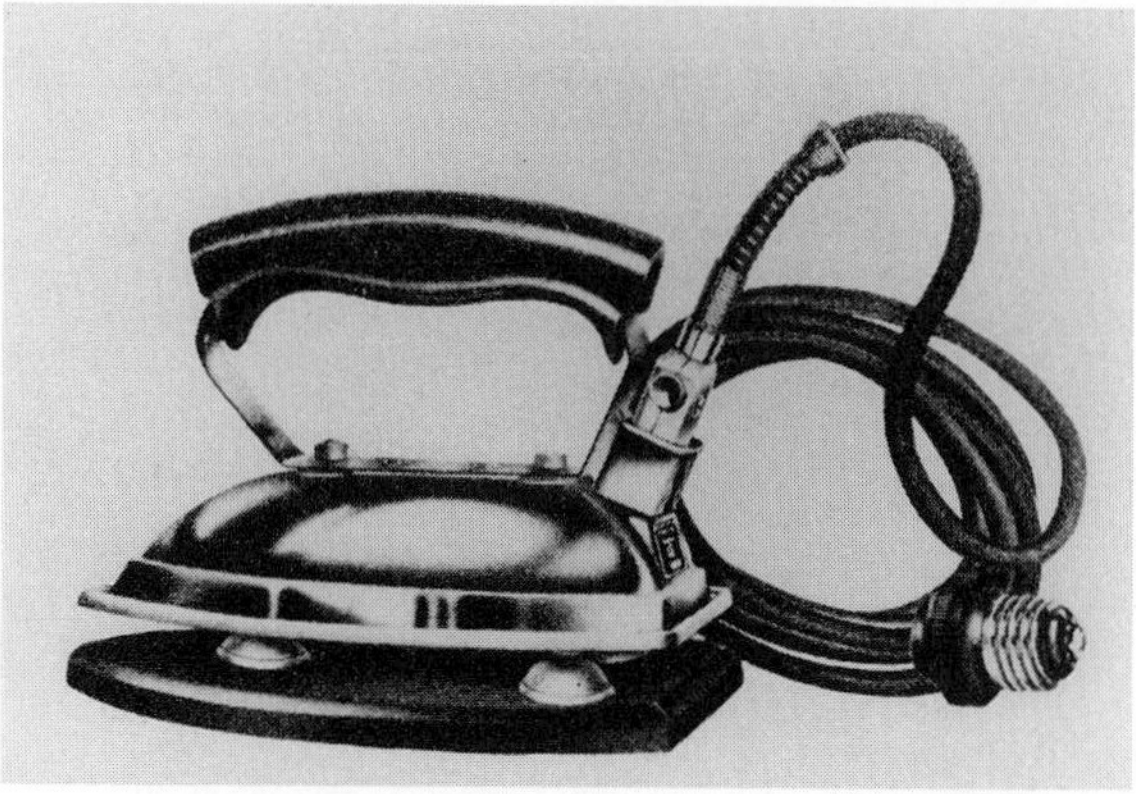

新市場を開拓したスーパーアイロン（昭和２年）

一方アイロンは、当時の実需は全国合計で年産一〇万台程度。それを松下一社で一二万台以上を売ろうというのだから、シェア取りではなく、新しい市場創造（マーケット・クリエーション）が必要だった。通常、マーケットがすでにあれば大量生産が可能となる。しかし、まったく新しいマーケットを創造する時には、まず大量に作って単価を安くし需要を喚起しなければならない。ただし、まだ顕在化しないマーケットを想定して大規模投資を伴う大量生産を決断するにはリスクがある。このリスクを取れるかどうかが、企業家（アントルプルア）としての力量ということになる。

鶏が先か、卵が先か

シュムペーターはイノベーションの組み合わせの中に「新しい市場の創造」を入れている。まだ存在しないマーケットを創り出すには大きな決断がいるからである。潜在市場は商品が高品質で安価であれば喚起される、しかし、品質はともかく安価な商品は大量生産を前提としなければ実現しない。すなわち、安くなければマーケットは創造できず、マーケットがなければ大量には作れないというジレンマが生じる。企業家的決断とは、その「鶏が先か、卵が先か」という循環を断ち切ることなのである。

幸之助はまず三割安くできるだけの数量を作れば、そのマーケットは創造できると考えた。当時の市場規模は総計で月産一万台程度。それを松下だけで月産一万台売ろうというのだから無謀といえば無謀であった。しかし、彼は冷静に市場を検討して、その数は決して乱暴な数字ではないと結論した。アイロン使用に対する関心は高まっているし、各電燈会社も電熱利用の拡大に大いに力を入れているからだった。

これをいわゆる企業家的リスクテイクという見方もできるが、むしろ企業家的論理の帰結であった。『五十年略史』が指摘するように、幸之助には「自分の体験や大衆の生活の中」から大きなマーケットの動向を見抜く力があった。したがって、彼にとってはリスクではなく論理的「確信」だったのである。

幸之助は大量生産を前提としたこの商品の価格を小学校の先生が買えるように、市場価格四〜五円に対して、三円二〇銭に設定した。代理店卸価格も一円八〇銭としたため、代理店にとっても一円四〇銭という大きな利益が出る商品であった。しかも、中尾が設計開発したアイロンの機能性やそのデザインが素晴らしかった。スーパーアイロンはのちに、商工省によって国産優良品に選ばれることとなる優れた商品であった。中尾の技術とデザイン力のなせる技であった。

3 「稀有な人」中尾哲二郎——きみならできる、必ずできる

松下幸之助と松下電器のことを語るときに、その技術を支えた中尾哲二郎《なかおてつじろう》の存在抜きに話を進めることはできない。彼は幸之助のさまざまなアイデアを具現化し、松下の商品開発をリードした人物である。哲二郎の管轄した技術は、アイロン、ラジオ、軍事用無線、冷蔵庫からVTRビデオレコーダーにいたる広範囲な分野だったが、そのほとんどが独学であったというのが驚きである。こうした優れた技術者に巡り会えたというのも幸之助の運であった。自分より先に逝った哲二郎を、幸之助は追悼文の中で、「こんな人は、もう再び出てこないかもしれない。まことに〝稀有の人〟と言うべきであろう」と書いた（松下監修 1982）。

幸之助伝とは少し離れることとなるが、中尾の存在を含めて幸之助伝と考えられるので、敢えてその略歴を紹介しておきたい（以下の中尾哲二郎の基本的履歴については、松下監修 1982）。

発明好きの少年

中尾哲二郎は一九〇一（明治三四）年に東京神田の比較的裕福な金属加工を営む家庭に生まれた。金属加工といっても、小学生から大学生にいたる制服の金ボタンや帽章の金型を作る工場であった。哲二郎も小さい頃より機械工作に興味を示すようになった。しかし、八歳の時に母親が急逝し、後妻に入った継母と折り合いが悪く、父親の工場も破産状態に陥ってしまった。哲二郎は結局一二歳で、

父の友人であったライターやネクタイピンを製作していた浜野製作所に奉公に出た。奉公先でも哲二郎は発明好きの少年として、次々と商品や工程改善の提案をしていく。

新しいアイデアを思いつくたびに、哲二郎はその背後にある理論や原理を勉強したくなった。しかし、浜野製作所の親方は職工の勉学には無理解であった。そこで、就業時間後に夜学に通える日本帝国徽章商会に転職し、思い通りに東京工科学校（現在の日本工業大学の前身）の夜学に通うことになった。一九二三（大正一二）年、彼は三年かけて東京工科学校を卒業したが、さらなる勉学意欲に燃えて東京高等工業学校（現在の東京工業大学の前身）機械科の夜学にも通った。驚くべきことに、機械科の勉強に加えて、工業学校の英語では不十分だと、神田ＹＭＣＡの英語学校にも通っている。いずれも自腹を切った学習意欲からである。そんな時に関東大震災が東京を襲った。

関東大震災と幸之助との出会い

関東大震災は東京に壊滅的打撃を与え、その復興には二年とも三年ともかかるだろうと予想された。工場ごと焼き出された哲二郎は、やむなく仕事を求めて第二の工業都市大阪に出る決心をした。確たる当てもなく、東京高等工業学校卒業生の名簿を頼りに来阪したものの、その先輩はすでに転勤していた。なんとか大企業に就職しようとしていた哲二郎だが、それもままならずに「宿屋に帰って寝そべって新聞を見ていたら、隅っこの小さな広告で、〝松下電気器具製作所工員募集〟というのが出て」いた。彼は「電気器具」という言葉に惹かれて、大開町を訪ねたのだった。

しかし、実際の募集は松下電器ではなく、その下請けを始めることとなった檜山という人の工場であった。工場といっても震災で東京を焼け出された檜山氏一人のみすぼらしい手押しプレス工場であった。震災で東京を焼け出されたという同郷のよしみもあり、哲二郎は「なにかの縁」と就職を決断した。哲二郎はそこでもさまざまな創意工夫をし、生産方法に関していくつもの新提案をしていった。残念ながら、その檜山という人は昔気質の職人で、哲二郎の理論的な改善提案や創意工夫にはそれほど興味を示さない人であった。ただ、「きみできるのか、やれるならやってみよ」「旋盤がいるのであれば、松下の方にあるからあれを借りてやってくれ」程度のことであった。

その言葉を真に受けて哲二郎は創意工夫を実現すべく、幸之助の工場に旋盤を借りにいった。これが、彼自身も幸之助の人生も変える出会いとなったのである。幸之助は哲二郎の旋盤捌きを横目に見て、「ちょっと使える男だな」と思ったのである。その頃、哲二郎の理屈に辟易した檜山は、「理屈ばかりいってうるさくてしょうがない」と彼を断ろうと思い始めた時だった。幸之助はその話を聞いて、「松下の方へよこしたまえ。ぼくのところで然るべく使ってみよう」と、中尾を引き受けたのである。一九二四（大正一三）年、中尾が二三歳幸之助二八歳の年であった。

技術者・中尾の見た幸之助

中尾哲二郎も幸之助に惹かれるものがあった。当時、中尾をはじめとする東京人には大阪製品に対して〝さかもの（大阪のもの）は安いけれど悪い〟という偏見があった。しかし、幸之助に接するうちに哲二郎はその考え方を改めざるを得なくなった。「経営管理の仕事をやりながら、一方では机の上には絶えず製品やアイロンなどの道具が置いてあって、ひまができると、その製品とにらめっこをしておられる」幸之助に対して、その考え方や人柄に大きな魅力を感じるようになったのである。哲二郎は幸之助の初期製品をまさにイノベーションとして認めている（松下監修 1982：65）。

晩年の幸之助と中尾哲二郎（昭和53年）

（幸之助が発案した＝米倉注）二灯用のクラスターであるとか、差し込み、回転式のプラグは大変便利で、その当時はなかった斬新なものばかりでした。しかもそれをさらに良くするために、絶えず机の上に置いて改良を試みておられたのです。ぼくはその試作などをよくお手伝いしましたが、松下相談役の製品に対する情熱というものは大したものだと思いました。タイムトンネルを通して、今の知識で見ても確かにイノベーションがあり、よその製品と違っていました。

中尾は、東京で世話になった浜野製作所が工場再開をするということで、一時期松下を離れるが、やはり惹かれるものがあったのだろう一九二六（大正一五）年に再び松下に戻ってきている。その後中尾は、アイロンをはじめ、丸山型電器コタツ、ラジオ、軍用無線機、テレビ受像機など実に幅広い技術分野を開拓していくのだった。また、一九三一（昭和六）年に、幸之助は哲二郎をアメリカを含めて一二、三カ国に半年間の技術視察に送り出している。それほど中尾を信頼していたのである。この時、オランダのフィリップス社に立ち寄って真空管に関する技術協定を申し込んでいる。この話は実現にいたらなかったが、戦後の提携の布石にもなっていくのであった。

殺し文句

幸之助は人の話をよく聞き、温かい人情味のある人間だった一方、怒りはじめると手がつけられなくなるほど「きつい」経営者だった。哲二郎も幸之助によく叱られた。彼でさえ「もう辞めよう」と思ったことが三度あったという。しかし、叱った後で幸之助は「ちょっとこちらの心を打つようなこと」をいうもので、その都度思いとどまったのである。後藤清一がいうように幸之助は本当の叱り上手だった。さらに、人をおだててうまく使う人であった。

幸之助のアイロンにかける想いに感激した中尾だったが、実は「電熱のデの字も、アイロンのアの字」も知らなかった。「私一人では重いですよ」と素直にいうと、幸之助は「きみならできる、必ずできる」と本書の副題となる「殺し文句」を放ったのであった。こんな言葉を聞いて奮い立たない若ものはいまい。哲二郎は感激した。「ぼくをそこまで信頼してくれるのであれば、自分はひとつ命がけでこれと取り組んで必ず成功させてみよう」と（松下監修 1982：64）。

叱り上手・褒め上手の幸之助のもうひとつの天賦の才は、その語り口にあった。後藤は次のように述べる（後藤 1972：35）。

大将は大阪弁のもつまろやかさを巧みに活かしておられた。叱られても怒られても、なにか春風に似た、あたりの柔らかさがある。また、後藤クン、後藤ハン、アンタ、キミ、オマエーなど、自在に使いわけておられた。

春風に似たともいうその語り口、想像されたい。

4　経営への厳しさと事業買収

経営を任せた電熱部門

こうして売り出されたスーパーアイロンであったが、商品の評判は上々だったにもかかわらず、半年後に決算をしてみると一万円の赤字が出ていたのである。幸之助は「少なからず損害」と具体的数字を明確にしていないが、『五十年略史』では「一万円」と明記してある（『五十年略史』1968：66）。幸之助は事業を詳細に分析して、計画にも方針にも問題がないことを突き止め、赤字の原因が計画方針の実行力、すなわち経営が的を得ていないことに気づくのであった。その後も幸之助は経営の赤字に対しては嫌悪ともいうべき激しい態度と厳しい対応を示すが、これがその第一幕であった。

そもそも電熱部は、松下の工場があった大開町で米穀商をやっていた武久逸郎に任せてスタートしたものだった。武久は幸之助より一歳年下で、丁稚奉公から米穀商いで身を立てた人物だった。米投機にも手を出し資産形成をなした武久は、幸之助と並んで町内評議員にも選出され、二人は同じ価値観を共有する形で友人となっていた。働き盛りの武久は米穀の卸業に飽き足らなくなり、ものを作ってみたいということで幸之助に相談にやって来た。前述したように、この時期幸之助はアイロンに市場性を感じており、ちょうど松下に戻ってきた技術者中尾哲二郎に商品開発を任せていた。武久の話を聞いて、幸之助は武久に経営を任せたのであった。事業部制の基本になった「人に任せる」という姿勢からだった。

しかし、しっかりとした計画と方針を立てれば、後は人任せにしてもうまくいくと考えたことが間違いであった。幸之助は以下のように武久に退任を迫ったのだった（松下 1986a：209-210）。

電熱部の行き詰まりについて考えてみた。そして僕の考え方が誤っていることに気づいた。それは君と僕とが相許す仲であり、かつまた、共同経営者であることとはいえ、しろうとの君にその経営を担当させていたこと自体が電熱部をいささか軽視したことになっている。このことが結局、行き詰まりの根本原因となっていると思う。本来なれば電熱は新規事業であるから、このほうにこそ僕の全力を持ち込まなければならなかったものであったことと痛感した。また君の経営ぶりを見て僕の感じたことを率直に言えば、製造工業者としては、このままでは適正をもたぬと思うから、これは相談であるが、今までのことは水に流して、君はやはり米屋に専念したらどうか。

これは武久の経営能力に対する厳しい叱責であり、退陣勧告であった。また、幸之助自身に対しても、経営とくに新規事業経営を人任せにすることに関する強い戒めでもあった。こうして電熱部は幸之助直轄の事業部門になり、松下電気器具製作所は、配線部門、電池式ランプ部門そして電熱部門の三部門から構成されるようになった。ここにのちの事業部制の基礎が出来上がったのである。

なお、武久は松下への思い止みがたく、家業を止めて松下本店社員として再入社している。「武久君、僕はまことに得がたい友人をなくしたかわりに、将来たよりにする店員を得たよ」と幸之助は受け入れている（松下 1986a：213）。その後、武久は松下の重要な幹部社員になっていくのであった。

こうした社員や従業員に対するきわめて人間的な対応や優しさの一方で、幸之助の経営に対する厳しさ、とくに赤字に対する厳しさにはさまざまなエピソードが残っている。また、こうした経験を通じて、幸之助の中に「任せて、任せず」という経営哲学が醸成されていったのである。

一九二七（昭和二）年から一九三三（昭和八）年の間に幸之助は数々のヒット商品を製作した。一九二七年の角型ナショナルランプ、スーパーアイロン、電熱式電気ストーブ、二九年の電気コタツ、三一年のラジオと、一般大衆に文化的な電化生活を安価に提供するという幸之助の想いが詰まった商品群であった。もちろん、その根底には彼の勝利の方程式——高品質・大量生産・低価格が一貫していたのである。なお一九二九（昭和四）年、幸之助は社名を松下電気器具製作所から松下電器製作所へと変更している。

日本のラジオ放送は一九二五（大正一四）年から始まり、新しい情報化時代の幕開けとなった。受信機さえあれば手軽に聴くことのできるラジオは当時大衆娯楽の決定版であった。したがって、多数のメーカーが受信機製造に参入し、年間二〇万台以上の生産量に達していた。ただし、初期のラジオ受信機には故障が多く、使い勝手も悪かった。幸之助自身もラジオ放送のファンであったが、聞きたい放送が故障で聞けないことがあり、「よく故障の起こる機械だとむやみに腹立たしくなってきた」経験をしていた（松下 1986a：251）。ラジオ進出もまさにこうした身近なマーケット・ニーズを具現化したものであった。

合成樹脂への進出と多角化

ラジオへの多角化の前に合成樹脂部門への進出について述べておきたい。その理由は、松下電器が事業を多角化していった初期の過程と方針が理解できるからである。

一九二九（昭和四）年五月頃に幸之助に、合成樹脂ベークライト絶縁体を主としたラジオ部品を製造している橋本電器という会社の経営が行き詰まっており、出資か買収の話がもち込まれた。経営者の橋本はある工場で技師長をやっていたが、ラジオの勃興に乗じてベークライト製のダイヤル製造事業を興し、一時は職工一〇〇名を抱える大工場になっていた。しかし、急速な拡大による放漫経営に、一九二七年の金融恐慌・一九二九年のアメリカ大恐慌のダブルパンチが襲い、同社は経営危機に陥ったのであった。幸之助に話のあった段階で義弟・井植歳男に調査をさせると、すでに自力再生は難しい状況であった。幸之助は、「買収する以上、いま少しこのままに推移して、いよいよ行き詰まった時に買収することにしたほうが、話も早くまとまり、橋本氏の覚悟もつきやすく、後々の経営にも徹底し、工場の再生にもよかろう」と考えた。しかし、「それでは橋本氏の損失も大きくなることであろう」から、一〇万円の株式会社としてその大半を松下が引き受けたうえで、社長に甥の亀山武雄を送り込んだ。橋本は温情から技師長として留めたのだった（松下 1986a：241-243）。

派遣された亀山武雄社員は自己流を貫こうとする橋本や従業員さらには組合と真剣に渡り合い、半年足らずで赤字解消を達成した。その間、「言語に絶した苦難を嘗め、危害を加えられようとしたことも一再」ではなかった。また、結局橋本も途中で退社している。こうして、松下は合成樹脂配線器具部門を傘下に収めたが、この過程に当時の多角化のあり方が見て取れる。要約すれば次のようになる。

①経営不振工場の発見　産業勃興期にはチャンスに目ざとい多くの企業家が新事業を創業する。し

かし、創業して時流に乗った事業拡大に要する経営手腕と、景気後退期に事業を継続する経営手腕には違いがある。多くの場合、拡大が急であれば、後退期に経営不振に喘ぐことになる。ここに買収のチャンスがあり、いかに潜在力の高い企業を発見するかが重要である。

②後方統合　後方統合とは事業構造の下流から上流工程を統合することである。例えば、製造業が資材・部品調達から製造そして販売工程から成り立っているとすると、販売から製造工程、製造から資材・部品調達工程を統合していくことを後方統合という。橋本工場の生産するベークライト部品は、ラジオのダイヤルに限らず松下が製造するあらゆる家電器具に必要な素材である。この買収はきわめて合理的な後方統合戦略であった。

③緩やかな買収　幸之助は倒産直前まで待つことなしに、好条件で大半出資を決定した。しかも、前経営者・従業員は残したまま経営再建に当たっている。いたずらな敵対買収は悪い後遺症をもたらす。幸之助はそこを理解していた。しかし、実際に任に当たったのは亀山武雄社員（幸之助の甥）であり、残留した経営者・従業員と厳しい経営統合（現代でいう、いわゆるポスト・マージャー・インテグレーション）を行った。亀山も学んだが、幸之助も学んだ。彼は言う、「この工場を経営して得たところの大なるものは、亀山を中心としてその他の社員らが、いかなる困難ごとでも成功を期して誠心誠意ことに当たれば、必ず成就するという強い信念を得たことで、これはなによりも大きな収穫であった」と。幸之助はここでも若い亀山に大役を任せ、成功体験を積まし

ている。

初期松下の多角化は、こうした不振工場や企業の巧妙な買収によるものが多くなる。この時の経験が生かされていくのである。以下ラジオのケースも同様だが、資本出資や買収によって松下の事業拡張や多角化が短期間で可能となったのである。

5 ラジオ・乾電池への多角化

故障しないラジオ生産

一九三〇（昭和五）年に始まる松下のラジオ進出は、幸之助の「ある日聞きたい放送があって聞こうとした時、またまた故障で聞こえない。よく故障の起こる機械だとむやみに腹立たしくなってきた」、という身近な不満から始まった（松下 1986a：251）。勝利の方程式第一項の「生活の中にある身近なニーズ」からの出発である。幸之助が、当時の状況を調査すると、そもそもラジオは故障が多く、普通の電気店では扱えないというのが常識となっていた。一方で、故障のないラジオに対する需要は強く、代理店からも松下に期待する声も大きいことが分かった。

「よし！松下電器において新たにラジオ・セットを造ろう」。

しかし、松下電器にはラジオ製造に関する知識・技術がまったく蓄積されていなかった。社内で独自に生産すること、外部に委託することなどさまざまな可能性が検討された結果、内部生産は諦め、技術的に信頼性が高く、「松下の経営方針のもとにその理想実現に共鳴」してくれるラジオ・メーカーを探し出すこととなった。現代でいうOEM生産の相手を探して生産委託し、ナショナルの名前をつけて松下ルートで販売するという決断であった。

探索の結果、北尾鹿治氏の経営する双葉電機が製造するラジオが故障も少なく、北尾氏も松下の経営方針に共鳴していることが判明した。一九三〇年八月に、幸之助は北尾氏とともに資本金五万円の「国道電機」を設立し、そのほとんどを出資してラジオ生産を開始した。

「松下が待望のラジオ生産を開始する」という大きな広告宣伝を打ったため、市場も大いに沸き立った。しかし、半年後に製品が出荷されると意外にも故障続出で、返品に次ぐ返品という事態に陥ってしまった。故障の少ない北尾氏の製品をこれまでと同じように生産しているにもかかわらず、双葉電機時代以上の故障率に幸之助は愕然とした。

調べてみると、生産方法や商品に変更があったわけではない。問題は松下の販売チャネルにあることが分かってきた。これまで双葉社製品はラジオ専門店に流しており、そこでは専門的知識をもった店員があらかじめ製品の不具合を調べて販売していた。その下調べもラジオ内部の部品調整にとどまらず、ネジや台座緩みの締め直しなど、きわめて初歩的なことまで行っていたのである。一方、松下傘下の代理店はラジオに関する知識などまったくない。与えられた製品をそのまま売っていたのである。

しかし、ことの経緯を突き詰めていくと、今回の出来事の本質はむしろ幸之助と北尾氏の製品設計思想に対する根本的違いにあることが分かってきた。

北尾氏にとってラジオはそもそも難しい商品で、故障するのが当たり前の商品であった。したがって、専門店で販売すべきものであって、電気店では難しいという考えであった。一方、幸之助にとって、ラジオなどはそれほど難しいものではなく、どんなチャネルであっても流通できるべきものだった。山積みとなる故障品の前で、二人の意見はまったく嚙み合わない。幸之助はそこで原点に立ちもどった。「松下でセットの製造販売を行う以上は、技術の浅い電気屋さん方面でも容易に販売できるような故障絶無のセットを造り出してこそ意味がある」と考え、北尾氏に「故障絶無のラジオ」を創ろうと次のように述べている（松下 1986a：257）。

いかなる困難と犠牲をはらっても当初の方針どおり、故障なきセット、技術の浅い商人によっても立派に売り尽くしうるセットの販売を実現せねばやまない。小さな形に複雑な機械を納めてほとんど故障のない時計に比較すれば、ラジオ・セットのごときはその大きさから考えれば、まだまだ改良し、故障絶無のものができると確信するから、ひとつ根本において設計を変えようではないか。

幸之助は素人ながらに、いや素人だからこそラジオの無駄な複雑性を見抜いていた。「見るからに大きな図体の中にごちゃごちゃとした部品を納め」るという固定観念を捨て、「少し整備して合理化すれば完全無欠なものになる」と設計の簡素化を訴えたのである。しかし、北尾氏は幸之助の意見を「技術上のことを無造作に」言い過ぎると感じ、以前の専門店チャネルに固執した。結局、この見解の相違は克服されず、北尾氏は元の個人経営に戻ってラジオ事業を続け、松下は今回の損失をすべて被ってラジオ工場を引き取ったのであった。

もちろん被害は返品の山にとどまらなかった、期待されていただけに代理店からの失望や松下製品全般にわたる信用問題にまで発展していた。幸之助にとって、故障絶無のラジオ開発は会社の進退を賭けた命題となっていたのである。

その命を受けたのは、またもや研究部の中尾哲二郎だった。幸之助にはスーパーアイロンを完成させた中尾に対する絶大なる信頼があった。また、中尾も東京時代にラジオに関して多少の知識があった。しかし、双葉電機からきたラジオ技師たちは全員北尾氏について出て行ってしまい、もういない。幸之助のいうような「理想のセット」の完成には相当時間がかかると、中尾は判断した。ところが、工場まで引き取った幸之助には後がない。「ある程度のセットというものは市場にたくさんあるのだから、これらを参考にして一歩すぐれたものを、なにがなんでも短時日に作りあげねばならぬと決心すれば、なんで工夫のできないことがあるものか。必ず造れるという確信を持つか持たぬかがそのポイントだ」と無茶苦茶な檄を飛ばした（松下 1986a：260）。

しかし、彼の激励がまったくの根性論かといえば、そうでもない。当時多くのアマチュア愛好家たちが独自にラジオを組み立てて自分で楽しんだり売ったりしていた。すでに市場には海外製や国産を含めてさまざまなセットが出ていたのである。幸之助はこれらを参考にしながら、さらに「一歩優れたもの」を要求しただけだった。こうなると中尾も断れない。さまざまな研究と工夫を不眠不休で積み重ね、わずか三カ月で理想に近いセットを完成させたのだった。

適正利潤と共存共栄

時を同じくして日本放送協会（NHK）が優れたラジオ・セットの懸賞募集を行っており、中尾哲二郎は新しいラジオで応募することを決めていた。幸之助に相談すると、「きみ、それ一等に当選する自信があるのか」、中尾は「ない」ともいえずに「あります」。「それやったらやれや」で中尾は全力投球で立ち向かった。しかし、セットが出来上がったのは締め切りの前日。いかにもやっつけ仕事の出来上りであった。ところが、なんと一等賞の三台のひとつに選ばれたのだった。これには、中尾も驚いたが、幸之助はもっと驚いた。同時に、幸之助は「そのむつかしさを感ずるよりも、なることの容易さを心掛けねば、一段の進歩向上は望まれない」と確信するのである。幸之助の楽観的根性論のひとつの根拠になった。

さらに、幸之助はもうひとつの確信を得ることになる。それはメーカーを中心とした適正利潤を守る重要性であった。彼はアタチン、角型ランプ、スーパーアイロンで確立した勝利の方程式（大衆必需品を、大量生産によって、高品質かつ低価格で提供する）をラジオのケースでは踏襲していない。もちろん、高性能と大量生産の法則は引き継いだが、三割安いという値づけは踏襲しなかった。幸之助はこの新しいラジオの価格を、当時乱売で価格が二五〜三〇円に下落していたところに四五円、むしろ三割以上の高値で発売することとしたのであった。

代理店はこの強気の価格づけに対して、「ほかの一流メーカー製品よりも少々高いではないか」と反対の声を上げた。確かに、当時日本を襲った恐慌による市況悪化の中で各社は乱売を重ねて、ラジオ価格は下落していた。しかし、幸之助はこの事態を正しい経営状態ではないと認識した。正しい経営には適正な価格が必要なのだと。代理店の反発の前で、むしろ彼は自分の価格に対する信念を力強く表明した。幸之助はここで代理店と松下の「共存共栄」という言葉をはじめて使った（松下 1986a：265）。

きょうは一つ問屋という観念を離れて、真に松下電器の代理店として、松下と共存共栄でやるという心境になりきっていただいて、最も妥当にして適正な利潤を加味した価格をもって販売するところに商人の本道があり、そこにメーカーをして発展せしめるとともにその発展力を生産に打ち込ましめ、合理的廉価品の生産を慫慂するものがあるということに思いをいたされ、ラジオの普及に貢献されるようお考え願いたいのです。

幸之助にとって価格とはメーカーが力強い再生産を継続できる価格であって、乱売の横行する市場で勝つための一時的低価格ではなかった。その価格を確保したうえでの「共存共栄」なのである。しかし、この段階で幸之助のいう「最も妥当にして適正な利潤を加味した価格」を代理店がすぐに理解したわけではない。「煙に巻かれているようだが、一理もあることとて、とにかく販売に努力しよう」、ということになったのである。

スーパーアイロンの発売時、幸之助は三割以下の価格を実現できる生産台数を算定して、大量生産を開始した。今回は、先行して投資した五万円にプラスして故障絶無のラジオを大量に生産し続けるには、どうしても一〇〇万円が必要だと算定した。そのうえで四五円という値づけをしたのである。スーパーアイロンの時、幸之助は代理店卸価格一円八〇銭、小売価格三円二〇銭として売り出し、代理店に一円四〇銭もの利益を残す価格づけをした（松下 1986a：208）。ラジオの卸価格がいくらであったかは資料的に分かっていないが、共存共栄を謳う以上スーパーアイロン以上の利幅が確保されたと推察しうる。したがって、代理店も最終的には幸之助の熱弁に納得し、故障絶無のラジオ販売に集中した。後年、幸之助の価格づけはメーカーの再生産を確保し、代理店にも充分な利潤を確保することが前提となり、それこそが共存共栄の源泉と考えるようになった。

ＮＨＫから一等賞というお墨つきを得たことも絶好のタイミングだった。

幸之助はそのネーミングにおいてまたもやその才能を発揮する。今回は単刀直入にＮＨＫからの受

ナショナルラジオ１号機（当選号）

賞を強調するように「当選号」と命名した。大衆への巧みなアピールである。ただし、この当選号の売れ行きは芳しくなかった。中尾自身の言葉を借りると、「性能が良すぎて売れない」のだった。妨害電波を出さないように再生出力を抑えたため、放送局の近く以外ではよく聞こえなかったのである。地方などでは、たとえ「ガー、ガー」と雑音が入っても、出力の高いものが売れたのだった。

幸之助はこの事態に烈火のごとく怒った。「一年の間に半値のラジオをつくれ」の命を受けて、中尾は再び不眠不休の努力を続けた。まさに一年後、彼は不朽の名作「R-10型」を創り上げ、価格もまさに半値にしたのだった。

このラジオは代理店の協力とも相まって、四年後には国内シェアトップ、一九四二（昭和一七）年までには月産三万台、全国シェアの三〇パーセント以上を獲得する大ヒット商品となった。まさに国民娯楽の中心にナショナル・ラジオが鎮座したのだった。

幸之助のメーカー・代理店を中心にした価格観が、「価格決定権を消費者にとりもどす」を経営理念とするダイエーとの間で価格主導権を巡る大戦争につながっていくのであった。

乾電池への後方統合　松下が大きく飛躍した昭和初期の日本経済はというと、一九二七（昭和二）年金融恐慌、一九二九年にアメリカに端を発した大恐慌の直撃を受けた厳しい時代であった。しかし、松下は一九二九年から多くのヒット商品を産み出し、社名も松下電気器具製作所から松下電器製作所へと改名した。中でももっとも大型ヒットとなったのは、乾電池式の角型ナショナルランプであった。

大幅な景気後退の中でも、その経済性と汎用性から各家庭あるいは各自転車に一台というふうに拡散していった。当然のことながら競合メーカーも続々と出現し、厳しい競争がくり広げられることとなった。ところが、この競争も幸之助には大きな幸運を呼ぶものであった。すなわち、競合社製品もすべて乾電池を使うため、乾電池に対する需要が爆発することとなったからである。一九三〇年になると、ナショナルランプは月産一〇万台を超えたが、乾電池はその五倍五〇万個を超える需要があり、注文に応じ切れないという事態になったのである。

しかし、松下はこの重要部品である乾電池を自家生産していなかった。一万個を無償で提供してくれた東京の岡田乾電池がすべてを生産していたのである。幸之助は膨れ上がる需要を前に、岡田に相談のうえで再び奇策に出た。当時大阪の優良工場のひとつであり松下の競争企業であった小森乾電池製作所に、その下請交渉に行ったのである。幸之助は単刀直入に、「あなたのほうとは同業者の立場であり、むしろ競争をしてきた間柄ではあるが、この際、大同団結の意味で松下の専属工場」になってもらえないかと申し出たのである（松下 1986a：267-268）。

幸之助の率直な物言いに、小森某は意外にも「喜んで専属工場として電池の製造に邁進しましょう」と応えたのであった。幸之助は小森の工場を見たうえで、さらに上から目線で大胆な提案をした。「斯界の名品ナショナル乾電池の専属工場になるのだから、ひとつあなたも心機一転して品質の向上と増産に邁進し」、生産能力の三倍増を前提とした新工場建設を要求したのである。「斯界の名品ナショナル乾電池」という言葉は、幸之助自身が「わが半生の記録」の中で使っている言葉である。難波の船場で小僧時代を過ごした幸之助の物言い、とくに商売相手に対するそれは柔らかな大阪弁の印象がある。しかし、ここでの物言いはきつい。ただ、幸之助は小森を決して見下していた訳ではない。むしろ、「人品も資産もずば抜けていた一人で、仏教の信仰者でもあり尊敬すべき人物」と評していた。したがってこの時のもの言いは、それだけ自分の商品と経営のやり方に自信が出てきた証左であったと推察すべきであろう。

その後、ナショナルランプは月産二〇万台、電池にいたっては一〇〇万個を超えるにいたった。その理由は幸之助の勝利の方程式、すなわち規模の経済による量産効果すなわち大幅な値下げにあった。当初のナショナルランプの卸値は一円二五銭、電池は二五銭であったものを、月産一万個を超えるとランプ一円、電池二二銭と値下げし、五万台、一〇万台を超えるたびにさらなる値下げ、そして一九三〇年にランプ月産二〇万台、電池一〇〇万個を超えるにおよんではランプ六〇銭・電池一六銭とほぼ半額にまで値を下げたのであった。これはアメリカにおいてヘンリー・フォードがモデルTの販売に当たって採用した戦略を真似たものであった。幸之助自身も、「大量に生産できるようになれば、それだけ引き下げることは当然である。それを基準として引き下げを行ってきたのである。ちょうどフォードのやり方とよく似た点があった」と述べている（松下 1986a：271）。フォードの値下げについては、米倉（1999）を参照されたい。

一九三一（昭和六）年になって、いよいよランプ月産三〇万台、電池一五〇万個を超える予想が立った時、幸之助はさらなる値下げを決断する。しかし、電池は関東の岡田商会と関西の小森製作所に委託してあるため、両社の承諾が必要であった。岡田はすでに長い付き合いゆえに、値下げ分は量産でカバーできると理解できたが、小森側は完成したばかりの工場を前に逡巡した。そして、「工場経営は私よりあなたの方がじょうずである」と、松下へ工場の売却を逆提案したのであった。幸之助にとってこの逆提案は予想外であった。電池は外部委託でやるものと思い込んでいたからである。しかし、考えてみれば、松下の主力製品であるナショナルランプの主要部品である電池は後方統合した方がはるかに合理的であった。幸之助は早速岡田商会に相談すると、岡田側も大賛成である。そこで、一九三一年九月に小森工場を完全買収して、松下電器第八工場としたのであった。

特筆すべきことは、小森工場の従業員は一人も辞めることなく、また松下から一人の従業員も派遣することなくこの買収が完成したことである。

こうして、松下は一般電気配線器具部門、電熱部門、ラジオ部門、乾電池部門の事業部が出揃い、さらに製品総数も二〇〇種類を超えるようになる。幸之助は自身が病弱であるがため、こうした部門をすべて自分で見ることはなく、むしろ部下に任せた。これが自然と松下なりの事業部制組織となったのである。一九三三（昭和八）年、幸之助は工場群を三分野に分け、ラジオ部門を第一事業部、ランプ・乾電池部門を第二事業部、配線器具・合成樹脂・電熱器部門を第三事業部としたのである。各事業部は傘下に工場と出張所（販売組織）をもち、製品の開発、生産、販売、収支までを一貫して担当する独立採算制事業体となった（『五十年略史』1968：111-112）。

事業部制組織の導入

一九二〇年代、アメリカのデュポン社やGMが第一次世界大戦後の景気後退を受けて分権的事業部制を確立したことはよく知られている。火薬製造企業であったデュポンは副産物の産出から多角化が始まり、GMの場合は創業者ウィリアム・デュラントの企業買収によって複数車種への多角化が始まった。デュポンの場合はきわめて集権的であった組織を分権化することで事業部制組織が採択されたが、GMはバラバラに買収された複数企業を統合化する方向で事業部制が採用された。いずれも、全社的な戦略策定をする中央本社と、日常的ビジネス（製造・販売）に責任をもつ事業部との分業が実践され、経営者の責任範囲と権限が明確となった。

松下の場合は、配線部門と伝熱部門は内部成長したものであったが、ラジオと乾電池部門は買収による内部化であった。基本的には電気器具・家電製品を基軸とした関連多角化だったということができる。したがって、内部成長型のデュポンと買収型のGMとの折衷的な多角化であった。多角化した組織がその資源配分の効率化を達成するために分権的な事業部制組織を採用することの合理性は、アルフレッド・チャンドラー（2009）が詳細な歴史研究を重ねてきた。アメリカのケースでも多角化の主要因は、経営者層の戦略的意思決定に関する負担軽減にあった。松下の場合も、幸之助一人ではとても細部まで管理しきれない状況から出た発想だった（『五十年略史』1968：112–113）。

私が小規模でやっていたときは、私だけの支配でこと足りた。しかし、さらに新しい仕事ができてくるとなると、私自身も一人では、どれもこれも、よくわかるということはできない。……電熱器も、だれかに担当してもらおうと思った。さて、担当してもらうに当たって、私はちょっと考えた。同じ担当してもらうなら、一切の責任をその人にもってもらおうと考え、「松下では、やはり電熱器を作らないといかんから作りたいのだけれども、僕はようやらない。君やってくれ」ということで、いっさいを任せた。

松下でもデュポンやGMと同じような製品多角化の経緯から、独自の発想で事業部制を採用してい

事業部制の説明をする幸之助（昭和9年）

たのである。このことは、幸之助の経営構想力が普遍的な合理性をもっていた証である。

人を育てる事業部制

一般的に、事業部制採用の根拠に関しては、その経済合理性が強く指摘される。すなわち、各事業部が独立採算制の下で、自主性をもって事業運営に当たるため経営が俊敏で機動的になる。また、資源調達・生産・販売まで一貫した採算性が問われるため、経営成果が明確に判断できるからである。

もうひとつの合理性は、外部取引コストの削減である。本社が事業部全体に関する間接部門（財務・経理・人事・福利厚生など）を一元的に管理するため、各事業部との重複する無駄を削減できる。これを体系的に指摘したのが、オリバー・ウィリアムソン（1980）であり、彼は外部取引コストを削減するために、企業は取引を内部化することが事業部制の経済根拠だとした。

しかし、幸之助はこうした経済合理性に加えて、「経営者育成」をその目的に加えている。「松下電器は何を造るところか尋ねられたならば、松下電器は人を創るところでございますと、併せて商品も造っております」と、幸之助は社員に諭したといわれるが、事業部制もその一環であった。幸之助自身も以下のように述べている（『五十年略史』1968：113）。

これには二つのねらいがあった。一つは事業部を作ってやることによって、成果がはっきりわかってくる。責任経営になってくる。……。こういうことから何が生まれてきたかというと、早くいえば経営者が生まれてくる。要するに、経営者の本当の試練の場である。松下電器では早くからこれをやったから、みな経営者として育ったわけである。

さすが、ラジオ生産の第一事業部を任された井植歳男は部下に、「要するにおれは松下のラジオ会社の社長みたいなもんや」と幸之助の意図を即座に理解した（中村 2001：28）。

第四章　経営理念と人材育成

1　命知元年と経営理念

一人の解雇者も出さず

一九二九（昭和四）年松下電器は新しい本社および本社工場を完成し、以後大きな飛躍を遂げていく。しかし、この時期日本経済全体が順調であったわけではない。むしろ、一九二七（昭和二）年の金融恐慌と一九二九年世界恐慌の煽りを受け、世相は昭和恐慌と呼ばれるほど荒れた時代だった。外部環境の悪化は松下電器も直撃し、一九二九年に売上げは半減、在庫は倉庫に溢れるほどになった。

われわれが専攻する経営史学の立場からいえば、経営成果をマクロ経済などの経営環境の結果としてしまうならば、そもそも経営など要らない（米倉 1998）。経営環境が悪い中で成果を出し続けるのが経営であり、創造的な対応なのである。事実、幸之助は不況から学び、不況の中で経営理念を構築し、一九二九年以降を松下飛躍の時代にしていったのだった。

松下幸之助は生涯を通じて「経営家族主義」とも称される従業員重視の経営観を形成し、宗教的ともいえる企業集団を創り上げていく。その第一歩は昭和恐慌の中で形成された。

一九二九年濱口雄幸内閣が組閣され、元日銀総裁であった井上準之助が大蔵大臣に任命された。財政緊縮論者であった井上が同年一一月に金本位制復帰（いわゆる金解禁）を予告すると、物価は急速に下落し、企業の生産も大幅に減退、未曾有の景気後退が日本を襲った。労働争議も瀕発した。経営家族主義を掲げていた鐘ヶ淵紡績でも大きな争議が発生していた。この大不況は当然松下電器も直撃した。一二月には在庫の山が新築の倉庫に入りきらないほどになり、生産縮小、従業員解雇が目前の課題となったのである。

ところが、肝心の幸之助はこの頃体調がすぐれず、西宮で病に伏しながら経営を見るという状態であった。現場を見ていたのは、義弟の井植歳男や電熱器生産以降松下社員となった武久逸郎であった。積み上がった在庫を前に、彼らはこの大不況にあっては、生産と従業員の半減しかないという結論をもって幸之助の病床を訪れた。床に伏していた幸之助は、布団の上にあぐらをかき、しばし落涙、しばし黙考しながら二人の決断を聞いた。ところが、二人の話を聞くうちに幸之助は「不思議にも急に元気が出て」、新たな打開策を閃いたのであった。松下に小僧として入社して、初めて店員第一号

（正社員）となった後藤清一はこの時の様子を以下のように伝え聞いている（後藤 1972：67）。

なあ、ワシはこう思うんや。松下が今日終わるんであれば、君らの言うてくれるとおり、従業員を解雇してもええ。けどなあ、ワシは、将来、松下を大をなそうと思うとる。企業の都合で解雇したり採ったりでは、社員は働きながら不安を覚える。松下という会社は、ええときはどんどん人を採用して、スワッというとき、社員を整理してしまうのか。大をなそうという松下としては、それは耐えられんことや。曇る日照る日や。一人といえどもやめさせたらあかん。ええか、解雇無用やでッ。

そして、冷静沈着な指示をする。それは、生産を半減し、工場は半日勤務にするが、従業員は一人も解雇せずに給料も従来どおり全額支給する。ただし、工場幹部は昼から鞄をもって販売に当たる。全員休日を返上して在庫品の販売に全力をあげ、持久戦を続けながら景気の動向を見極めるという案であった。

井植・武久両人は幸之助のこの決断に歓喜した。井植は小躍りしたという。「大将がその決心であれば必ず遂行してみせます」と誓い、本店に引き返して即刻従業員にこの旨を告げた。大不況の中での決断に、従業員は「ウォー」と快哉を叫び、在庫一掃に邁進した。現場で泣きながら解雇者リストを作っていた後藤は、「(ようやる。大将はごつい人や)。大将、よういうてくれはりました。売りまっせ、やりまっせ」とこみあげる感動の中で解雇者リストをこなごなに破り捨てた。

井植以下工場幹部は「なんとしても売る」という意気込みで不況の街を走り、「世間の沈滞した空気をよそに、松下に恐ろしいほどの気迫がみなぎった」のだった。幸之助が自身「恐ろしいものだ」と振り返るように、あれほどの在庫が二カ月足らずで、羽が生えたかのように一掃され、社員の結束は一層強化されたのだった。

「人間尊重。従業員を大切にして、困難に当たる」、不況の中で確立した幸之助第一の経営哲学である。この噂は不況に沈んだ大阪中に広まった、「松下は人を大事にするらしい」と。人を大切にすれば、結果がついてくる、という幸之助の大きな成功体験だった。

不況期こそ攻めよ、消費せよ

さらに、この不況期にあって、幸之助は第五工場、第六工場を建設し、自動車まで購入している。この段階で強固になったもうひとつの経営哲学とは、「不況期こそ積極経営」ともいうべきものであった。幸之助にとってこの時期に金融引き締めをした井上蔵相は到底理解できない人物であった。

井上蔵相の、強固な財政・貨幣基盤を構築するために金本位制に復帰し、将来に備えた緊縮財政を断行するという考え方に、産業人としての幸之助は納得がいかなかった。しかも、昭和恐慌といわれる大不景気のタイミングである。幸之助は、「歩くところは自転車で走り、自転車で走るところは自動車を飛ばして活動能率をあげてこそ、不景気の解消もでき、繁栄日本を建設することになる」と考えた。今日でいうところのリフレ派である。幸之助は「生産につぐ生産、消費につぐ消費」こそ日本経済再生の道と考えた。それを役人たちが緊縮だなどといって自動車利用を自重していることには、腹が据えかねた（松下 1986a：238）。

日本の重要官庁においては、日もこれ足りないほど国民の指導鞭撻に東奔西走せねばならぬ偉い人たちが、自動車を減らしてゆくようなことは国に繁栄をもたらすゆえんではない。緊縮政策では絶対に繁栄をきたさない。伸びんがための緊縮政策というとちょっと理屈が通るようだが、それは信念なきものの言葉だ。国家を経済的に発展さすには生産につぐ生産、消費につぐ消費と次第しだいに加速度を大ならしめるところにこそその根本原理を見出すべきだ。

考えただけではない、彼は自らアメリカから輸入されたストゥードベイカー（Studebaker）社製の一万四、五〇〇〇円もする大型車を購入したのだった。当時の一万四、五〇〇〇円といえば決して小さい額ではない。しかも大阪で自家用車をもっているのは、数えるほどの大金持ちである。だからこそ、幸之助は自ら「不景気下での大消費」を実践したのだった。

もちろん、言い値で買ったわけではない。不景気で困り果てた輸入業者が、果敢に陣容を拡大する幸之助に助けを求めに来たところを、「頭にピンときた」幸之助が半額以下の五八〇〇円に値切って購入したものだった。以後、彼は車に対する支出だけは贅沢になっていく。

一九六二年に米国誌タイムは「日本の最も成功した産業人」として松下幸之助を特集している。その中で、「控えめで安月給教師のような幸之助」の唯一の贅沢は、黒塗りのキャデラックだと指摘している（タイム誌は、"his long black Cadillac〔this only bit of ostentation〕" と表現している〔*Time*, February 23, 1962〕)。比較的地味な立ち居振る舞いをする彼にあって、アメリカ製大型車は彼との不思議なコントラストだったのだろう。彼の米国車好きは、持論の消費拡大志向だけからのものではなく、大量生産による価格低下で大衆自動車時代を実現させたヘンリー・フォードに対する憧憬によるものでもあった。

ただし、この時期にあっての大型高級車の購入は単に消費拡大のためのものだけではなかった。運転手つき乗用車は贅沢ではないかという声もあった。当時の運転手であった稲井隆義（後の松下寿電機社長）は、「ちょっと贅沢やないか」という後藤に次のように反論している（後藤 1972：69）。

そりゃ、違う。大将は、車の中でもちょっとも気をぬかへん。本を読む。統計表を見る。書類を決裁する。さながら、動く社長室を運んでいるようなもんや、動く会社や。

これには後藤も驚いた。車はまさに生産性向上の一環だったのである。

不況を吹き飛ばす心意気を示すもうひとつのエピソードは、一九三一（昭和六）年の正月から始まった「松下の初荷」である。大阪の船場・道修町《どしょうまち》では初荷を祝う習慣があったが、幸之助はこの風習に目をつけ、盛大な初荷を演出することとしたのだった。まだ静かな三カ日の夜一〇時に工場門前にかがり火を焚き、社員全員がハッピにハチマキ姿で集合してトラック六〇数台に掛け声をかけながら荷物を積み込む。トラックには初荷の幟が高く掲げられている。世を徹しての作業には異様な熱気が立ちこめ、幸之助とむめの夫人立ち会いの下で社員の一体感はいやがうえにも高まった。朝六時になるとトラックは大阪市内、神戸、京都に向けて続々と出発するのであった。幸之助は古い習慣や儀式に新しい視点を見いだして、新しい意味をつけるのが得意であった。

もうひとつ、古めかしい儀式を現代風にアレンジしたのが、「松下の元服式」である。社員が成人式を迎えた時に、幸之助はモーニング一式を贈ることを決めた。いつ始まりいつ終わってしまったのかは定かではないが、後藤は「長い人生や。一つの〝きめ〟というか、線を引くことが大事や」として社会に応分の付き合いができるように贈られたと回想している。「温故知新」というのも幸之助の口癖だった（後藤 1972：70-71、初荷と「温故知新」に関する記述は、後藤の回想に寄っている）。

さて、幸之助の大量生産・大量消費そして豊かな大衆社会の実現という思いが、確固たる経営理念にいたる出来事が一九三二（昭和七）年に起こった。

天理教団と命知元年

一九三一年に犬養毅内閣が成立し、再び蔵相に返り咲いた高橋是清は積極的な財政政策を導入した。こうして景気が上向いた頃、幸之助は取引先の知人に連れられて天理教団の本部を訪れることとなった。天理教の熱心な信者であった友人が、不景気の中でも積極経営を進める幸之助のさらなる発展を願って、彼にその信仰を熱心に勧めたのであった。幸之助はあまり乗り気ではなく、「またの機会に」と逃げていたのだが、その友人の日頃からの生真面目かつ勤勉な態度に動かされて、同年三月に教団本部を共に訪れることとした。壮大な宗教施設を訪れて、幸之助の胸を打ったのは、実は信仰そのものではなく経営体としての天理教組織だった。

天理教は江戸末期に教祖中山みきが憑依して開祖した新興宗教である。その教勢がもっとも勢いづいたのは、大正末期から昭和初期にかけての「教勢倍加運動」が推進された頃といわれる。信者は五〇〇万人近くへと急拡大していた。幸之助が友人に連れられて訪問した時期は、ちょうどその絶頂期だった。本殿をはじめとする教団施設の雄大さもそうであったが、幸之助が心底驚いたのは信仰という名の下で喜び溢れて働く信者の姿であり、その奉仕の心であった。みな揃いのハッピを着て、実に整然と真剣にしかも嬉々として働いている。

さらに、教団が運営する附属中学、専門学校、図書館に集う多くの生徒たちにも感銘を受けた。決定的であったのは、新たな教祖殿建造のために設置された製材所の存在であった。全国から寄進された材木が積み上げられた製材所は、これまた百人にもおよぶ奉仕員によって厳粛に運営され、襟を正さざるを得ないような趣であった。

「いかになんでも製材所を直営するとは果たしてその必要があるのか」と疑問に思う幸之助に、友人は「拡張の要こそあれ、これを縮小、休止する等のことは絶対にありません」と力強く言い切った。拡大志向を同じくする幸之助の感嘆はここに極まった。

丸一日におよんだ見学を終え、一人帰りの電車の中で教団本部の光景を思い出しながら、幸之助は自分の事業について考えを巡らせたのである。この思いは帰宅後深夜まで頭の中を巡り、電器業界全体との比較にまでにおよんだ。

「某教の事業は多数の悩める人々を導き、安心を与え、人生を幸福ならしめることを主眼として全力を尽くしている聖なる事業である」と考えた。同時に、彼の従事する電器業界も、「人間生活の維持向上のうえに必要な物資の生産をなし、必要欠くべからざる」聖なる事業であると思いいたった。幸之助は、「われわれの仕事は無から有を出し、貧を除き富をつくる現実の仕事」であり、経営も宗教同等に「聖なる仕事」だと思いいたったのである。そして、経営という仕事に宗教と同じような聖なる使命感を抱いたのだった（松下 1986a：292-302）。

そして、その聖なる経営とはなにか、「それは水道の水だ」と悟ったのであった。

水道の水のごとし

「水道の水」という表現に飛躍があって分かりにくいが、蛇口から出る水道水は加工され価値ある

フォード車と幸之助（昭和54年，ハワイにて）

ものであるが、乞食が栓をひねって思う存分飲んでも咎められることはない。生命維持に関わる貴重な水をタダで利用しても、生産量があまりに豊富であれば許されるのだ、と幸之助は考えた。したがって、「生産者の使命は貴重なる生活物資を、水道の水のごとく無尽蔵たらしめ」「無代に等しい価格をもって提供」し、この世から貧困を除いていくことであると悟ったのであった。これが幸之助の「水道哲学」であった。

この背景には、アメリカで大成功したヘンリー・フォードの考え方の影響もあった。幸之助はT型モデルを、大量生産による度重なる値下げで普及させ、社会を豊かにしたフォードの「使命観」に強く影響されていた。幸之助はフォードが、「自分が製造する製品が、いかに大衆なり社会なりに大きな影響を与えうるかという使命観に立っている。自分が儲ける以上に、事業というものが、どれほど多くの人たちの生活を潤すも

創業記念式典の様子（写真は第2回，昭和8年）

のか、また社会生活を進歩させ、向上させるものか」を知っていたと述べている（『五十年略史』1968：99）。

見方によっては突飛な考えでもあったが、幸之助は強く自分の使命を知ったという意味で、一九三二（昭和七）年を「命知元年《めいちがんねん》」と名づけ、その五月五日を「第一回創業記念日」と定めた。そして大阪堂島の中央電気倶楽部に全社員を招集し、「松下電器窮極の目的たる生産物資を無尽蔵たらしめる楽土建設」の二五〇年計画を発表したのであった。幸之助の演説後、場内は水を打ったように静まり、全員が感激に打ち震えた緊張感をもったという。

幸之助はこの時の自分の演説に関しては謙虚であった。「私は元来学問も浅く、話もへたで、用語も適切を欠くのが常であった。したがって、話ぶりそのものに魅せられるということはあるべきはずがない」と、社員の感激を説明する（松下 1986a：300）。今回、彼の言葉が社員の胸を打ったのは、「批判の余地を与えない強い信念より迸り出る確信」であると同時に、「全くの真理、千古変わらざるところの真理」だったからだと幸之助は考えたのだった。

確かに、この時会場にいた社員一号の後藤清一は感動した。彼は、「切々と大将の声が満場の胸を打つ。その心情を吐露した使命感に接し、あるいは涙をうかべ、あるいは体を戦慄させ」感極まった社員たちは、演説後われ先に壇上に殺到しそれぞれの所感を熱く熱く表明したという（後藤 1972：71）。

後年、義弟の井植歳男が「兄貴のとこは新興宗教や」と感想を漏らしたように、幸之助と松下電器は以後神がかった傾向を示して行く。揃いの法被、従業員学校の建設、創業記念日。この時の経験と啓示が大きな影響を与えたのであった。

2　人材登用と人材育成

不況期こそ追い風

一九一七年、妻むめの、義弟の歳男との三人でスタートした町工場が、一九二九年には店員九七名、工員三八〇名を超える大所帯になった。わずか一二年でこれだけ急速な発展を遂げた松下電器だが、その人材登用や育成には心許ないものがあった。幹部社員や中堅社員もみな工員あるいは小僧より叩き上げたものばかりであったからである。

一九二九年に幸之助は、今後の松下電器のさらなる発展を期して、新たな人材登用の指針を以下のように定めた。

①店員となるものは中等学校以上の学校卒業者を採用。

②彼らに小僧生活の長所を体験させるために、一定年限を見習店員あるいは見習員として社内に居住させる。

③一方、従来の一般従業員からも素質・功績のあるものは店員に抜擢する。

当時は未曾有の不況が日本を襲った時であり、大企業も学卒採用を控えた時であった。したがって、一九二九〜三二年にかけては毎年優秀な学卒者を採用することができた。とくに、命知元年と名づけられた一九三二年には名門神戸高商から四名、神戸高工から三名、その他専門学校から十数名という大量採用を実現している。まさに「不況」だからこその追い風であった。

一方、幸之助は自分が受けてきた小僧時代を含む現場教育のよさも実感してきた。したがって、中学校卒でも寮で見習い店員として修行の年限を積むようにもした。このことが良いにせよ、悪いにせよ松下の中に叩き上げの社風あるいは前垂れかけの気風が残り続けることにつながったのである。のちに述べる「店員養成所」内には店員寮が併設され、見習店員が店内居住させられた（『五十年略史』1968：122）。

1967年の松下電器産業役員

社長	副社長	専務	専務	専務	常務	常務	常務	常務	常務
松下正治	高橋荒太郎	藤尾津与次	榎坂武雄	谷村博蔵	谷川鍛	中川懐春	東国徳	樋野正二	松野幸吉
東大卒	小学校卒	神戸高商	小学校卒	中卒	東大卒 警察ＯＢ	専門学校 中　退	横浜高商	大阪高商	関西大卒

> 昔は商人として立つには、すべて丁稚として住み込み、苦労を味わったのである。現在は教育機関も完備し、昔の丁稚制度も次第になくなっているが、これは長所もある代わりに、また苦労に鍛えられるという点において昔におよばないところがあると思う。本所では、二五歳までの人には店内居住をしてもらうことになっているが、これは他人の飯の味、でっちの味を少しでも味わってもらうことが若い人のためであると思ってやっているのである。

幸之助の命知を実現するには、若い時からの価値共有が重要であり、丁稚的な暗黙知の共有が強い組織を作るという信念である。こうした制度が新興宗教的な雰囲気の醸成あるいは金太郎飴的な人材育成にも繋がったのである。

幸之助は積極的な学卒者採用も続けている。一九四二（昭和一七）年には、社員三〇〇〇人の内、二五パーセントは専門学校以上の学卒者、七〇パーセントが中学校以上の卒業生が占める陣容になっていた。こうして、松下には関西方面での優秀な学卒者と、店内居住制度で内製された丁稚風社員が共存していくことになる。

学卒者の人材の中には、神戸高商卒（一九三〇年入社）の藤尾津与次（のちに専務）や松下の経理を集大成した大阪高商卒（一九三三年入社）の樋野正二（のちに常務）など優秀な社員も含まれていた。しかし、幸之助はここでも不思議な二面性を見せている。学卒者を尊重しながらも、算盤片手に語り合える創業期からの社員や叩き上げの人物を自分の周りに配置したのである。それが、松下に途中入社し幸之助の大番頭になる高橋荒太郎（一九三三年入社、のちに副社長）や榎坂武雄（一九二五年入社、のちに専務）である。

右の表は一九六七年当時の松下電器産業役員の顔ぶれであるが、幸之助の人材登用のあり方がよく理解される。

長所を見て任せる

創業期の頃には「いい学校を出た人間が来ようはずはなかったのだ」と京大卒で一九五二（昭和二七）年に松下入社の水野博之は述べる。水野は、松下のエレクトロニクス化を率先し、のちに副社長となった人物である。彼はきわめて率直に、「いい学校を出た人間が来ようはずはなかったのだ。しかしながら、松下幸之助はこのような人たちをまことによく使った。上手に活かした。他の大会社ではとても通用しないような（?）人たちがこの会社では大手を振ってまかり通ったのであった」と述べている（水野 1998：25）。

幸之助自身も仕事が人を育てるということに関しては、「とくにひいでた人ばかりが集まっているとも考えられないのに、ともかくも仕事をして、他を抜いてぐんぐん向上発展しつつある松下電器の現状が、なによりの証明である」と回想する（松下 1986a：311）。

幸之助のこうした人材活用の極意は、「人の長所を見て、任せる」ことにあった。ここに初期松下の急成長の秘密がある。幸之助は次のようにいう（松下 1986a：311）。

私は元来、首脳者の心得として、つとめて社員の長所を見て短所を見ないように考えている。あまり長所を長所をと思うため、まだ実力の具わらない人を重要なポストにつけ、失敗を見るような場合もなきにしもあらずである。しかし私はこれでよいと考えている。もし私が、つとめて短所を見るようであったならば、安心して人を用いることができないのみならず、失敗しはしないか、失敗しないだろうかと思って、ひとしお心を労するであろう。したがってまた、事業経営の勇気も低調となって、会社の発展も望めないようになるだろう。

社内にいるのが人材だということを幸之助は誰よりも理解していたのである。

店員養成所の建設

幸之助は予てから、事業を行いながら人物を養成し、人物を養成しながら事業を行うような学校を建設するという理想主義的な考えをもっていた。彼の夢としては、富士山麓裾野の広大な土地に工場を建設し、そこに全国から選抜した小学校卒業生を集め、毎日五時間は

店員養成所

工場で就業し、五時間は中等教育さらには専門から大学教育までを授けるような学校であった。幸之助にとってこの学校を創ることは慈善でもなんでもなかった。働きながら学ぶことは自主性と効率性を育み、大きな収益につながる、むしろ、理想の産業楽土の建設への近道と考えたのである。幸之助は以下のように述べた（松下 1986a：310）。

しかもこれには、国家の財源も費やさず、また父兄の給与も受けないで、自らの労働によってその財源を獲得し、教育されていくのであるから、誰に遠慮気がねもなく、正々堂々たる気概を養わせることができるのである。一方、経営を主宰する私は、この一糸乱れざる規律と統制と、神聖なる労働精神とによって生まれる高能率により、立派に生産を合理化し、五時間の生産によって十分の収益を得て、それを資本にしてさらに建設をつづけ、ますます増大発展せしめるのである。

したがって、一九三二年に店員養成所を建設するにあたって、幸之助は富士山麓とまでいかずとも、比較的大きな土地を求めたいと考えた。大阪市内ではそれだけの土地を格安で手に入れることは難しかった。そこで、大阪の北に位置する耕作地を造成した門真地区に三五〇〇坪の広大な土地を坪当たり一七円五〇銭で手に入れたのであった。

矛盾を生んだ人材登用

人材育成や人材登用に関する一連の発言を見ていくと、幸之助の中には優秀な学卒者を採用すると同時に、自分が昔に受けた丁稚奉公の良さを中卒者に与えて松下独特の人材育成を試みようという意思があったことがわかる。だからこそ、その後戦中にかけてのモーター事業やテレビ受信機開発など高度な事業展開が可能となった。また一方で、「人をつくる松下」あるいは「新興宗教的な社員像による松下」が実現したのだろう。ただし、このフェアな人材登用に大きな陰を落とすのが、女婿・松下正治の登用である。

早くして両親を亡くし、ほぼ身寄りのない身となった幸之助にとって、家族の祀りごとを継承する、あるいは血統を繋いでいくということは外すことのできないしがらみであった。また、やっと生まれた長男を早くして亡くしたことも大きな痛手だった。こうしたことが、きわめて真っ当な人材育成論や経営哲学をもつ幸之助の事業継承に歪んだ人事をもたらしたのである。この点に鋭く切り込んだのが、岩瀬（2014）である。同書は幸之助の孫・正幸の世襲に対する執着を丹念に追っている。

その始まりは、一人娘となった幸子（一九一二年生まれ）に宮家の血筋の平田正治を婿にしたことだった。一九一二（大正元）年生まれの正治は、日本画家である平田栄二伯爵の二男で、東京帝国大学法学部卒業後三井銀行に入社した華族出身のエリート銀行員だった。祖父・平田東助は内務官僚で伊藤博文の欧州旅行に随行し明治憲法制定の調査に当たった。母も加賀百万石・前田利昭子爵の令嬢であった。一方、大阪の新興商人いわゆる「成金」である松下家と平田家の養子縁組を世間は地位名誉を金で買うと見た。しかし、幸之助によると「こちらの資産が目当ての縁談ならおかしいので調べてみたら、相手は金持ちの華族さん。それなら後は本人次第、と話を進めてもらった」という（裕 1995：51）。しかし、幸之助はライバル心をむき出しにする。家族の少ない幸之助はこの結婚式を盛大に祝うために、郷里和歌山の先輩である野村吉三郎海軍大将と彼の同期である荒木貞夫陸軍大将の二人を主賓として招いている。大阪と東京で開催された二度の披露宴において、この陸海軍大将の軍服正装は列席の来賓を圧倒した。「この勝負、幸之助側に軍配が上がった」と幸之助は述べたという（裕 1995：49）。

当初、幸之助は血筋のよい正治を気に入り、一九四〇年（昭和一五）年に松下に入社させ、上海に井植歳男の実弟薫が立ち上げた電池工場の社長に据えている。まだ経験も実績もない正治を重用していく幸之助が松下電器の人事や組織に少しずつひずみときしみを生んでいくのだった。

第五章　事業部制から分社化へ

1　一体感と事業拡大

鬼門・門真地区への進出

幸之助は昭和恐慌を乗り越えて工場建設・事業拡大を進めるとともに、命知元年で開眼した水道哲学を推し進めるために、社員間の一体感を醸成するさまざまな催しや精神訓話を企画した。

一九三三（昭和八）年、昭和恐慌から景気が回復すると、日本全国からナショナル製品とくにナショナルランプや当選号ラジオへの注文が急拡大した。増産態勢の整備が焦眉の課題となったのである。店員養成所開設の準備を進めていた幸之助は、新たに第三工場の建設と大開町にあった本社の移設も併せた大工場の建設を決意したのだった。三八歳の時であった。

た本店と工場（第３次本店・工場，昭和８年，現在もこの地に本社がある）

当時の生産拡大の勢いでは、多少の土地ではすぐに手狭になってしまう。そこで店員養成所開設を決めた門真地区に二万一六〇〇坪の広大な土地を買い足して本店、ラジオ工場、合成樹脂工場、乾電池工場を一九三三年に新築した。

当時の門真は大阪市に隣接する田園地帯で土地はふんだんにあったが、大阪の北側に隣接するため「鬼門」の方角に位置した。験《げん》を担ぐ大阪商人たちはそれを敬遠して、門真には企業の進出が遅れていた。幸之助は合理的に考えて、験を担ぐよりは、一挙にまとまった土地を得ることの方がはるかに重要と決断した。「松下の門真進出が成功するかしないかは、迷信を打破して、この地区を多くの企業が進出する土地にするか、鬼門恐るべしの迷信を深くさせるかの分かれ道」と社内に檄を飛ばして、進出を決めている。

前述したように、この地で幸之助は、日本初の事業部制（第一事業部はラジオ部門、第二事業部はランプ・乾電池部門、第三事業部は配線器具・電熱器部門）を導入した。翌一九三四（昭

鬼門・門真に建て

和九）年には第三事業部から電熱器部門を分離して第四事業部としている。

五精神と運動会

事業拡大と同時にさらに力を入れたのが社風の統一、精神的統合であった。事業部制導入の頃から、全社内で始業前と終業後に、朝会・夕会が毎日実施されるようになった。これは命知元年の興奮をベースに職場内で自発的に起こった所感表明の会を制度化したものであった。こうした社内コミュニケーションの円滑化を図り、命知元年の使命を継続するために、幸之助は一九三三年七月三一日に「松下電器の遵奉すべき五精神」を制定した。「①産業報国の精神、②公明正大の精神、③和親一致の精神、④力闘向上の精神、⑤礼節を尽すの精神」の五精神（後に七精神）である（松下 1986a：323）。これに、一九三七（昭和一二）年に⑥順応同化の精神、⑦感謝報恩の精神、が加えられて、「松下の七精神」になったのである。

幸之助は、これを朝会で読誦・唱和させることで、経営理念の浸透を徹底しようとした。幸之助自身が認めるように、松下には「特異性のある社風なり、総体的に真剣な気分を社員から看取することができる」と各方面からいわれるようになっていく（松下 1986a：324）。もちろん、彼にとってそれはいいことなのだが、「〝近代的〟な雰囲気には少々隔たりのある思想集団としての側面を持っている。幸之助が厳しい教祖。弟子にあたる腹心の部下が集団で教えを忠実に守り、金太郎飴的な経営を実

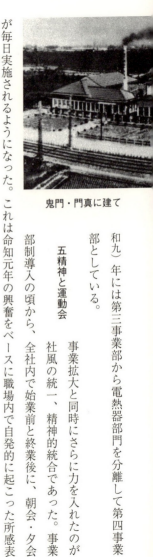

践」するカルト的な雰囲気も同時に醸し出したのである（裕 1995：11）。

こうした雰囲気をさらに強化したのが、盛大な春季運動会である。それまでにも松下には運動会があったが、幸之助は一九三一（昭和六）年に、「団体訓練と、その間に生ずる一致の精神を培養し、もって統制ある団体たらしめ、思想善導、従業員育成」に資するような盛大なものに変更したのであった（松下 1986a：303-304）。ただし、それは堅苦しいだけのものではなく、エンターテイメント性に溢れるものでもあった。

天王寺公園グランドを借り切り、第一から第四工場ごとに所属を決めて対抗戦を仕込み、入場式は甲子園で行われている全国中等野球の入場式のあり方を、「なんとなく感じのよいもの」と思って取り入れた。

当時従業員は五〇〇人を超えており、それが大開町の本店に一度集合し、隊伍を組んで野田阪神前に出てバス二五台に分乗する。先頭は音楽隊自動車で、各車窓からは「松下電器」あるいは「ナショナル」と染め抜いた小旗が振られる。

幸之助の素晴らしいのは、この大運動会を内向的な集団行事にせずに、イベントの中に巧みな宣伝手法を織り込んだことである。勢いのある企業の勢いのある運動会の行進は、街行く人に「ああ松下電器や」「ああナショナルランプや」「ああナショナル乾電池や」の声が湧き上がることを見越していた。さらに、天王寺公園の会場に着くと、社員一同が統制の取れた分列行進をして一斉入場し、団体戦、個人戦、仮装行列、応援合戦を繰り広げるのだから、大阪中の耳目を集めるには十分だった。とくに春先の天王寺公園は人出も多い。

幸之助も半生記の中でこの様子を実に嬉しそうに楽しそうに、そして生き生きと描写している（松下 1986a：307）。

やがて最後の呼び物仮装行列に移る。大きなアイロンが飛び出したり、ソケットやサシコミがのこのこ歩きだすやら、南洋土人の棒振りダンスなど予期しない奇抜な行列が満場に繰りひろげられた。この予想外の珍現象に我を忘れて快哉を叫び、あちらこちらからも拍手また拍手、予想以上の歓喜と熱狂に場内わきかえる。やがて一斉に退場し、直ちに予定どおり制服に着替えて支部ごとに隊列を整え、粛々と行進を開始し、会長前を通過して敬礼を行ない、一巡して閉会式体形に移る。その変化の激しさ、水を打ったかのような静粛さ、一糸も乱れない体形の見事さ、その一貫せる規律の保持などには実に感銘深いものを感じたが、見物人一同もまことに感激深かったものか、この見事な行進ぶりに思わず襟を正すような表情を現わすのが見受けられた。

幸之助は普段は締り屋で製品や経営課題については細々とうるさく、社員にも怒鳴り散らすことも多かった。しかし、こうした社内や経営に一体感をもたらす行事・イベントなどについてはただならぬ着想をもち、その出費も厭わなかった。〃お祭り男〃でもあったのである。

2　命知に基づく旺盛な事業拡張

リスクテイクと連盟店制度

幸之助の事業意欲は命知元年以降ますます旺盛になっていった。一九三三（昭和八）年から電蓄プレーヤー、扇風機、自転車用発電ランプ、乾電池用マンガンの精錬にも乗り出している。すべて単独進出ではない。扇風機は帝國製鋲との提携、マンガン精錬は辻中マンガンとの提携から進出している。自社に経営資源が十分でない場合は、共同出資などを通じて他社資源を活用した。

また、すでに有力企業が存在する分野の将来性に賭けて、リスクをとった進出もしている。一九三四（昭和九）年のモーター生産と販売開始もそのひとつである。モーターの生産は、第一次世界大戦から戦後にかけて日立、三菱、東芝など重電各社が独占体制を進めており、松下の参入には疑問視もあった。しかし、幸之助は、「将来、あなた方のご家庭で、一戸に平均一〇台のモーターが使われる日が必ず来ます」とその将来性を疑わなかった（『五十年略史』1968：124）。わずか四年後の一九三八年にはモーター製造専門の松下電動機株式会社を分離して、この予言を的中させている。翌一九三五年のナショナル蓄電池株式会社による蓄電池事業も、すでに有力企業が存在する分野であった。幸之助はモーター同様、蓄電池の需要拡大には楽観的であった。これは単独出資ではなく、古くから乾電池製造を共に手掛けてきた岡田商会との共同出資であった。

この頃もっとも大きなリスクをとった進出は、一九三六年の電球生産への進出であった。当時の電球はアメリカのＧＥと提携した東京電気（東芝の前身）が「マツダランプ」を生産し業界不動の地位を築いていた。国内メーカーが一〇～二〇銭で販売しているのに対して、マツダランプは三六銭で販売されていた。一方、電球の需要拡大はすさまじく、松下の電球製造には代理店・販売店からの期待も大きかった。幸之助は子会社ナショナル電球株式会社を設立し、なんと東京電気製と同額三六銭で売り出すことを決定したのであった。当然のことながら、電球市場への進出は簡単ではなかった。マツダランプという巨大ブランドと二八社の国内メーカーがしのぎを削っていたからである。

松下の電球進出については、いくつかの背景がある。ひとつは、有望な輸出品としての電球生産である。当時、日本製電球は重要輸出商品として位置づけられ、アジアを中心に盛んに輸出が奨励されていた。一九三〇（昭和五）年に二九六万円であった輸出総額は一九三六年には一〇一九万円に急増していた。魅力的な市場だったのである。

また、東京電気がアメリカのＲＣＡ社製のマツダ真空管を扱っていたこともひとつの背景である。松下はラジオ生産におけるＲＣＡの特許を無償で使う代わりに、マツダ真空管の使用が義務づけられていた。これがナショナル・ラジオの生産力を制限していた。幸之助はこの制約に一矢報いたかった。

これが、きわめて不利な状況下で電球製造へ参入した背景だと、岩瀬は指摘している（岩瀬 2014：135-138）。

特許に関しては、どうしても記しておかなければならないことがある。当時のラジオ製造において障害となっていたのが、在野の発明家・安藤博の開発した真空管とその特許であった。安藤は自身の特許を使ってメーカーから高額のロイヤリティを要求する「特許魔」「ラジオ魔」と呼ばれる存在であった。幸之助は一九三二（昭和七）年に彼の特許を二万五〇〇〇円で買い上げただけでなく、それを無償開放したのだった。この英断にはラジオ業界はもちろん日本中が沸き返った。また、幸之助と買い上げ交渉に当たった井植歳男もこの英断をうまく演出した。東京の帝国ホテルと大阪中央電気倶楽部において「無償開放」の大発表の記者会見を行ったのである。

幸之助は水道哲学を全うするためと回顧するが、しっかりと算盤勘定のできる幸之助が敢えて無料開放した意図を裏読みする向きもある（岩瀬 2014：139-143）。その真相は今や解明する余地もないが、この英断が日本のラジオ産業にとって発展の契機となったことは間違いない。ラジオ製造に関する大きなボトルネックが除かれたからである。

連盟店制度の導入

さて、マツダランプが支配的であった電球製造に後発参入することは、かなり難しいと見る向きもあったが、松下にはこの時点で強力な競争優位性ができつつあった。それは、ナショナルランプやラジオで構築してきた代理店やその傘下の販売店との強い絆である。ラジオの時に約束した代理店・販売店との「共存共栄」の精神が、後発メーカーである松下電器の新製品導入に力を発揮し始めたのである。明らかに二流品の域を出ていない松下の商品だが、松下がやるなら売ろうじゃないかという、販売力が形成されつつあったのである。

さらに、幸之助は代理店・販売店の力を最大化し、メーカーとの共存共栄を実効性のあるものにする具体策を実施した。「正価販売運動」と「連盟店制度」である。正価販売とは、競争激化による値崩れから代理店・販売店を守る運動であった。市場で値崩れが起こると、代理店は販促のために小売店に販売高に応じたリベートを支払う慣行があった。市況が悪化するとこのリベート支払いで、代理店に大きな負担がかかることになっていた。そこで、松下はまずいたずらな値引きによる値崩れがないように、「正価販売運動」を起こしたのである。ここでいう正価とは、メーカーにはもちろん小売にも利益が出る適正価格のことであった。一方、定価とはメーカーが拡大再生産できるメーカー主導の値づけである。

同時に、リベートが代理店経営を直接圧迫しないように、松下電器が代理店傘下の販売店（連盟店）に取引額に応じた「感謝配当金」を半年ごとに贈呈することとした。この制度に加盟した販売店が連盟店であり、松下がリベートを出して守るのが「連盟店制度」であった。後年、販売の松下といわれる強力なチャネル構築が進んだのである。

同じ一九三六年には、かねてより取引のあった朝日乾電池が松下傘下入りした。これは松下の乾電池生産を増強する以上の意味があった。同社の経理担当であった高橋荒太郎が松下に入社したからである。高橋荒太郎はライバル社の門下に下ることを潔しとしなかったが、幸之助の謦咳《けいがい》に接するにつれ、幸之助の経営哲学の信奉者になっていった。荒太郎は幸之助以上に松下イズムに情熱を傾ける伝道者となり、幸之助の右腕（最終的には副社長・会長）として松下の全員経営を牽引したのだった。

海外進出と貿易部

旺盛なる新事業分野への進出と同時に、幸之助は海外進出にも意欲的であった。一九三二（昭和七）年には、貿易部を設立して京城出張所や台湾出張所など当時植民地下にあった朝鮮・台湾にも販路開拓を進めるとともに、中国・満州地方にも配線器具、ナショナルランプの販路拡大を進めた。さらに、一九三五年には貿易部を子会社松下電器貿易株式会社に発展させ、東南アジア全域にも松下製品普及をはかったのであった。

海外子会社・工場としては、一九三八年に満洲松下電器設立、一九三九年に上海に乾電池工場建設、四一年に朝鮮ナショナル電球設立、四二年に朝鮮松下乾電池工場建設、四三年にはマニラに電球事業部マニラ工場を建設している。

もちろん、日本の植民地拡大に伴う海外進出であったが、「生産に次ぐ生産、消費に次ぐ消費」という命知元年以来の幸之助の主義主張に基づく、海外事業の大展開でもあった。

健康保険組合と松下病院の設立

積極的な事業拡張の一方で、戦時経済が激化すると、幸之助は従業員の生活を守るために福利厚生にも気を配った。物資が逼迫する中で、衣料品や生活必要物資の配給を引き受け、従業員寮や社宅の充実も進めている。
また、幸之助自身が病弱であったことから、従業員の健康にも高い関心を払った。一九三七（昭和一二）年には健康保険組合を設立、四〇年には門真の隣の守口に松下病院を設立したのであった。

3　事業部制から分社制度へ

分社化の推進　一九三五（昭和一〇）年一二月、松下電器製作所は改組して松下電器産業株式会社となった。この株式会社改組は資金や人材調達のためではなかったと幸之助はいう。「組織変更といっても、その内容的には従来と異なるところはなく」、それは「経営の実情を公開して世間に発表できるようにすることが公明正大の精神に合致する」からであった（『五十年略史』1968：137）。

株式会社改組に伴って、幸之助は本社を持株会社化し、これまでの事業部や既設株式会社を傘下に収める九分社制度を採用した。

松下電器産業株式会社　（親会社）　資本金一〇〇〇万円
松下無線株式会社　（ラジオ・ラジオ部品）　資本金五〇〇万円

松下乾電池株式会社	（乾電池・ランプ）	資本金五〇〇万円
松下電器株式会社	（配線器具）	資本金二〇〇万円
松下電熱株式会社	（電熱器）	資本金二〇〇万円
松下金属株式会社	（金属部品）	資本金六〇万円
松下電器直売株式会社	（官公庁会社向け販売）	資本金一〇万円
松下貿易株式会社（既設）	（輸出入）	資本金三〇万円
松和電器商事株式会社（既設）	（提携会社製品販売）	資本金一〇〇万円
日本電器製造株式会社（既設）	（合成樹脂製品）	資本金一〇万円

この分社制によって、持株会社としての本社は主として人事・経理から子会社を管理し、各子会社は「これまでの事業部制の時よりも、一層徹底して自主責任経営」を任されたのであった。分社の社長はすべて幸之助が就任し、松和電器商事を除けば松下電器産業の一〇〇パーセント出資であった。九分社の他に、社友としてナショナル蓄電池株式会社、株式会社岡田電気商会、朝日乾電池株式会社、増井電器製造株式会社が存在した。

翌一九三六年には、ナショナル電球株式会社と朝日乾電池株式会社が分社として傘下に入り、松下グループは、従業員総勢四九七〇名、総生産販売額一六二〇万円に達したのであった（『五十年略史』

1968：138）。幸之助は経営合理性から分社化制度を導入したのだが、持株会社と企業グループ形成という点では戦前の財閥組織と共通点が多かった。これが後のＧＨＱによる財閥指定に繫がったのである。

経営人材の育成

松下における分社化は、アメリカで進められた分権的事業部制のロジックとは異なる進化経路であった。アメリカの事業部制は重複する間接コストを削減するために進められた。すなわち、事業部制中央本社は人事・経理・福利厚生などの全社的間接コストを一括して負担し、事業部は事業オペレーションに特化することで直接コストを削減することを意図した。

この分権的事業部制に比べて、持株会社と分社化制度は各子会社がそれぞれ間接部門を抱えるため、各子会社は重複コストを負担することになる。さらに、幸之助自身が認めるように、分社化は「経済上有利ではなく、また税金なども非常に高くなる」制度であった（加護野編著 2016：84）。

余談だが、筆者は事業部制研究の大家であるアルフレッド・チャンドラー教授と、博士の生前にこの点について議論したことがある。「高いコストを支払わなくても人材育成はできる」という博士の考えに対して、筆者の「事業部長職と子会社社長職にはモチベーションや経営能力向上において高いコストを上回る利点がある」という議論は嚙み合わなかった。前述したように松下における事業部制や分社制はコスト削減よりも、経営者育成に主眼が置かれていた。事業部門の短期的成果をあげる経営人材よりも、子会社の経営全般を自主的に管理させることによって長期的な視野をもつ人材を育成することが目的だったのである。下谷（1998）は、松下グループの構造に関する詳細な研究だが、同書は「何故それ（事業部制＝米倉注）を廃してまで分社制へと移行しなければならなかったのか、疑問が残るのである（七一頁）」としているが、コスト構造に関して非常に厳しい幸之助が「経済上有利ではなく」と自覚しながら推進している以上、その意図はさらなる経営人材の育成と考えるのが妥当であろう。現に各社に配された人材たちは、その後の松下を支えていく経営人材となった。

4 戦時経済と軍需会社化

幸之助の産業報国

昭和恐慌を乗り切り、拡大に拡大を続けた松下電器だったが、世相は戦争に突き進んでいた。一九三一（昭和六）年関東軍による柳条湖爆破事件により、関東軍は満州全域に侵略を開始し、日本と中華民国は一挙に戦争状態へと突き進んだ。一九三二年には英国から派遣されたリットン調査団が関東軍の軍事行動を自衛とは認めないまでも、日本の満州における特殊権益を容認する提案を行った。しかし、日本はすでに満州国に傀儡政権を樹立して独立国家として承認していたため、国際連盟におけるリットン調査団の勧告を受け入れることはできなかった。松岡洋右《ようすけ》国際連盟代表は席を立って、国際連盟を脱退した。日本中が国際連盟に反発し、日本の矜持を示す時と沸き立った。もう誰にも戦争を止めることができなかった。

松下はそれまで軍需には手を出さずに、本業に特化してきた。「本来の事業に精励する。これが奉公の道や」というのが幸之助と松下電器の気風であった。しかし、一九三七年に盧溝橋事件が勃発し、日中間の戦争が本格化すると、幸之助もこの国難に立ち向かいたいと考えるようになった。「松下は平和産業やし、これまで直接、お国に必要な仕事はしていない。しかし、時局にかんがみてツラツラ思うに、これからは自国に必要な方面に進出することが、国家に対するご奉公と信じる」（後藤 1972：96-97）と、軍事産業に乗り出すこととなったのである。

軍需生産の要請　戦線は拡大を続け、一九三八（昭和一三）年に国家総動員法が成立し、国内生産の資源から生産・販売かつ労働力徴用にまで国家統制がおよぶようになった。松下の生産活動にも大きな制約が出るようになった。総動員法によって統制されたのは以下の経済活動すべてであった。

①労働問題一般　国民の産業への徴用、総動員業務への服務協力、雇用・解雇・賃金等の労働条件、労働争議の予防あるいは解消。
②物資統制　物資の生産、配給、使用、消費、所持、移動。
③金融・資本統制　会社の合併・分割、資本政策一般（増減資・配当）、社債募集、企業経理、金融機関の余資運用。

④カルテル　協定の締結、産業団体・同業組合の結成、組合への強制加入。
⑤価格一般　商品価格、運賃、賃貸料、保険料率。
⑥言論出版　新聞・出版物の掲載制限。

これを松下に当てはめてみると、総動員法上記②によって、まず電気ストーブ、扇風機などが贅沢品として生産禁止となり、ラジオ、電球、乾電池などは原料資材の面から制約を受けた。翌一九三九年には、上記①によって従業員の雇用統制、⑤によって物価統制も始まった。

さらに、⑤の価格統制によって製品価格がメーカーの意向とは無関係に設定されるようになると、松下はさらなる合理化によるコスト削減を余儀なくされている。幸之助は一九四〇年に「優良品製作総動員運動」を展開し、「需要者の求めるところに完全に合致し、充分に役立ち得る優良商品以外は一品たりとも製作せず販売せぬ建前」を発表した。この言葉の裏を読めば、資材制約と物価凍結下では必需品しか生産できないということでもあった。一九四〇年になると戦時色はますます強まり、資材調達も難しくなった。

恒例となった大運動会も一九四〇年を最後に中止となり、前年三九年に成功していたテレビの送受信実験も中止された。一九四〇年に予定されていた東京オリンピックが中止されたからである。民需生産の松下電器にとっては難儀な時代の始まりであったが、幸之助にとっては時勢に合わせることが重要であった。

　松下の七精神第一項「産業報国」にあるように、彼にとって産業を通じて国に報いることはもっとも重要な優先事項だった。したがって、国が戦時体制を敷くならば、その中で最大限国家に報いることは当然のことであった。さらにいうならば、国家がどのような選択をしようと国難があれば進んで協力するのが幸之助のスタンスだったのである。

　軍部の要請で松下無線は軍用無線や航空機の電装品、レーダー開発などのために三工場を新設している。同様に、松下乾電池も電池用に開発してきた高純度マンガンを航空機用軽金属部品に転用する要請を受け、松下電器は合成樹脂生産を航空機用プロペラ生産に転用、社名も松下航空工業に変更している。

太平洋戦争中の幸之助（昭和18年）

　松下電熱器はストーブ等が贅沢品として生産中止に追い込まれたため、砲弾部品や電気炉・配電盤の生産に重点を移し、社名も松下電工株式会社となった。もちろん、モーター生産を中心としていた松下電動機株式会社は松下電気工業に社名変更して、電工と合併のうえで配電盤を生産していたが、一九四三年からは通信機用特殊モーターの生産を開始している。

一九四一年一二月の真珠湾奇襲を皮切りに日米間の第二次世界大戦が始まったが、翌四二年六月にはミッドウェイ海戦とガダルカナル島の攻防で日本軍は米軍に大敗し、早くも戦争の主導権を失った。日本は態勢挽回のためにすべての生産資源を航空機、船舶および関連資材に動員した。この要請は松下にもなされ、幸之助は一九四三年四月に松下造船株式会社を設立して、戦時標準型木造船の生産を開始した。造船会社を担当したのは井植歳男であり、ラジオ生産で培った「流れ作業方式」を転用した。井植歳男は、製造工程を八分割のうえ、船台をレールに乗せて順次組み立てていく大量生産方式を採用した。この方式は画期的で、六日に一台の造船を可能とした（井植 1963：33-34）。

松下造船の進水式（昭和18年）

この生産方式に感心した軍は、同じ方式で強化合板による木製飛行機を生産することを要請し、一九四三年一〇月に松下飛行機株式会社が設立された。飛行機生産は造船以上の技術的困難が予想されたうえ、日本にはすでに余剰資源は存在しなかった。しかし、松下の全精力を傾けて一九四五年一月に第一号機を完成させている。『五十年略史』（1968：159）は、この完成を前に幸之助が軍への要請を次のように述べたとしている。

松下飛行機
（木造，昭和20年）

松下飛行機進空式
（昭和20年）

飛行機の大量生産は、いかに当社でも精神力だけではできません。あらゆる条件が整うことが必要でありますが、現在ではこのことは実にむずかしいことです。もう半年早く、お話があったなら、機械も資材も、もっと容易に入手でき、成績も上がったはずです。

当社が、この事業を始めるについては、三〇〇〇台の機械が必要と考え、この三〇〇〇台のうち、三分の一は遊休施設からの転用、三分の一は軍からの割り当て、三分の一は資材の配給を受けて当社で作る計画を立てたのであります。しかし、軍の割り当て一〇〇〇台はもらえず、配給資材も現物化できず、最後の一〇〇〇台の遊休機械も満足に集まっていない状況であります。

幸之助がいうように、戦争末期の資源動員状況では、軍からの要請に応えるのは難しかった。しかし、ここで改めて感心するのは、純民生用家電メーカーであった松下が木造船や航空機の量産にチャレンジして、一応の成果をあげた事実である。

『五十年略史』が指摘するように、「(戦時生産の＝米倉注) 体験と研究の成果は、戦後の民需生産再開に当たって有形無形の大きいプラスになった」のであり、飛行機製造というきわめて難事業に挑戦したことは、「全員が一体になって当たれば、どんな困難でも克服することができるという貴重な体験」にもなったのである(『五十年略史』1968：157, 160)。

幸之助と松下電器グループが積極的に戦争を支援し、軍需生産で暴利を貪ったというには無理がある。むしろ、戦況が悪化するにしたがって、幸之助は社是ともいえる「産業報国」を実践したというのが事実に近い。また、軍から要請されて始めた造船や飛行機・エンジン生産は結局事業としては成功せず、その資金調達のために住友銀行から借りた幸之助自身の個人負債は二三八四万余円にまで膨れ上がっていた。

しかし、戦時中の軍需生産とくに造船や飛行機生産さらには占領地を中心とした海外進出が、次章で述べるような幸之助の戦争責任と松下グループの解体に繋がってしまったのであった。

第六章　戦後における存亡の危機と失意の日々

1　財閥指定される

平和産業として日本再建の第一歩

一九四五（昭和二〇）年八月一五日、戦争は終わった。しかし、松下グループは一九四六年、連合国軍総司令部（ＧＨＱ）によって制限会社に指定され、すべての会社資産が凍結。続いて、幸之助とその家族は「財閥家族の指定」、幸之助と松下グループは「賠償工場の指定」「軍需補償の打ち切り」「公職追放の指定」「持株会社の指定」、そして「集中排除法の適用」などの厳しい制限が加えられ、幸之助・歳男以下役員の多くが戦争協力者として公職追放処分を受けた。幸之助は松下電器存亡の危機を迎えたのであった。

玉音放送を聴いた一九四五年八月一五日の夜に早々と「平和産業への転換」を決め、翌日社員を講堂に集め、「陛下の思し召しを体して、力強く国家の再建に、産業報国の誠を尽くさなければならない」と奮起を促している。見方によっては、なんという変わり身の速さと映る。つい数年前に、「松下は平和産業やし、これまで直接、お国に必要な仕事はしていない。しかし、時局にかんがみてツラツラ思うに、これからは自国に必要な方面に進出することが、国家に対するご奉公と信じる」といって軍需生産に乗り出した幸之助が、終戦の翌日に「この世紀の一大変革期に臨んで、わが松下電器は、もっともすみやかに平和産業に転換し、日本再建の第一歩を雄々しく踏み出す」といってのけるからである。

しかし前述したように、これが松下幸之助なのである。彼にとって、国家の国難に産業を通じて報いることが第一義的使命であって、国家の方向性が戦争遂行であればその方向で報国し、平和転換であればその方向で全力を挙げるというのが彼の大義であった。大義の前提には疑問を挟まないのである。だから、「陛下の思し召しを体して」という言葉も平気で使うのである。

さて、この決意表明で安心したのは従業員である。敗戦という予想しなかった結果を前に、一般庶民には大きな動揺が広がった。それに対して幸之助の言葉は次のようなものであった（『五十年略史』1968：178）。

今後、産業界には大変動が起こり、多数の失業者も出るだろうが、わが社に関するかぎり、絶対に心配はいらない。積極的に仕事を見出して、みなさんに、やってもらいたいと思っているので、安心して働いてもらいたい。

この言葉は、どれほど心強かったことだろう。こうして、全社員一丸となって民需生産へ向かおうとした時に、日本に進駐したGHQは九月二日にGHQ一般命令第一号によって松下電器の生産停止を通告した。しかも、「追って指示のあるまで」という停止処分だった。幸之助は、「民需生産に転換することが、簡単に考えられる現実でない」ことを悟った。しかも、いつ生産開始が告げられるかも分からないという状況は、「生産に次ぐ生産こそが繁栄の道」と信じてきた幸之助にとっては辛い処分であった。幸之助は幹部を使って早速当局に抗議をしている（『五十年略史』1968：180）。

しかし、軍需生産をやめて民需生産を始めるのが、なぜいけないのか。人々の生活に必要なラジオや電球を作るのを、なぜ禁止するのか。占領下でも、生きていくことは許されるはずだ。これは、社会のため、従業員のためだから黙っているわけにはいかない。社主（幸之助＝米倉注）は、関係当局に強く抗議することを幹部に命じた。

この主張は意外にもあっさり受け入れられ、ラジオ、乾電池、電球などの民生品は一〇月には生産再開となった。国にとっても民需生産は必要であったからである。

敗戦後の先進的経営指針

生産再開と同時に幸之助はこれまでの経営方針に加えて、きわめて戦後的な風合いを加味した発言をしていく。一九四五年一一月の臨時経営方針発表会で、彼は以下のように語り、戦後の自由競争と「高賃金・高能率」を両輪とし、事業の専門細分化を一層進めると宣言した(『五十年略史』1968：183)。

> これからの自由主義の時代になれば、適者生存の原則に支配される。会社が自由競争時代の適格者になるには、全員の勤勉性発揮が必要であるが、そのためには、各員の生活と勤務の双方に安定がなければばならない。そのためには、「高賃金・高能率」が理想であり、いま直ちにはできないが、あらゆる努力を払って実現したい。……また、いかなる立場の人でも、愉快に力の限り働ける経営形態をとりたい。そのために、経営単位を細分化し、多角経営単位を深く専門化して、担当する業務、技術、生産、経営全般にわたり世界最高の権威者となり、従業員もその下で能力を存分に発揮する経営をやりたい。

幸之助の「高賃金・高能率」政策は戦中の統制経済に対する反発が大きい。価格・賃金・資材などの統制では、自由な生産活動を制限され生産性も活動意欲も減退することを自ら体験した。また、戦中に見た六五〇円もするドイツ製高級ラジオを引き合いに、今後は「高所得－大量消費－大量生産で産業と生活が豊かに発展する国の姿を」実現したいと思ったのであった。

さらに、実力主義の重要性には、進駐したアメリカ兵の言葉からヒントを得ている。「先日、会った進駐軍の連隊長は三三歳の若さであった。どうして、その若さで連隊長になれるのかと聞くと、実力本位だからであるということであった。わが社でも、こうならなければならない」（『五十年略史』1968：184）と幸之助は思い知った。松下は戦後すぐに社員・工員の区別を廃止して全員月給制に改め、いち早く八時間労働制を導入した。きわめて先進的な対応である。

しかし、実力主義ということでいえば、松下を支えた井植、後藤、中尾、亀山、稲井たちはみな二〇代前半の若さで大仕事を任されていた。それが終戦時で二万四八〇〇人までに膨れ上がった従業員の中で、小規模企業時代の実力主義は大きく後退していた。幸之助は初心に帰ろうとしたのである。

専門細分化に関しては、戦中に工場制に統合したものを再び事業部制に戻し、生産単位を縮小化して専門性によって高い利益率を上げていく方針とした。これは一九三三年に事業部制を導入した時の、「製品分野を限定し、生産と販売を直結することによって各事業部は、小企業の長所である市場の動きに即応した機動性をもちながら大企業へと成長する体制」への回帰であった。

さらに、翌年一九四六年一月の経営方針発表会では、高賃金・高能率・専門細分化に加えて、技術の向上を目指して「技術高揚運動」が提唱された。前述したように、幸之助のイノベーションは新製品を中心としたプロダクト・イノベーションというよりは、既存製品のさらなる改良や利便性向上を目指すプロセス・イノベーションであった。そのことが、松下を技術的でないという印象を生んでいた。幸之助はこのことに自覚的であり、「松下電器の製品は、大衆本位で実用的な点では日本一であったと思うが、品質でも日本一になること」を目指そうと考えた。今後は「営業に即した技術」から「組織的な科学性」がなければ、さらなる発展が望めないとしたのである。そこで、社内に技術向上を目指した大運動を展開したのである。

労働組合の結成

一九四六年の同じ一月に、GHQの経済民主化政策の一環に則って、松下電器にも労働組合が結成された。当時の状況からすれば、組合は経営に対して敵対的で、過分に先鋭的な分子が指導的地位を占める傾向にあった。松下の場合は、比較的穏便な組合結成だったが、それでも雰囲気的には反資本主義・反経営陣の傾向が支配していた。当初、幸之助は組合結成に反対で、戦前から続く歩一会を再建すればいいと考えていた。しかし、民主化の勢いは止められないと判明すると、一転して結成集会に参加して祝辞を述べることを申し出た。組合結成準備委員長もこの「招かれざる客」の申し出をすんなり受け入れるわけにはいかず、当日中之島中央公会堂に集まった組合参加者の事前同意を得たうえで幸之助の登壇となった。

登壇当初はヤジも飛んだが、幸之助の「これを期して、全員一致して真理に立脚した経営をおこなっていきたい。いま、みなさんの会社に対する要求、要望、理想を聞いて、まことにちから強く感じた。正しい経営と、みなさんの考える正しい組合とは、必ず一致すると信ずる」という意見表明には、大きな拍手喝采が起こったという（裕 1995：60-62；加護野編著 2016：97；『五十年略史』1968：189）。

この火中の栗を拾うような行動も、決して奇をてらった組合迎合策ではない。多分、幸之助の本心から出た素直な行動と言葉だったのである。それはのちに述べるＰＨＰの発想と同じものであろう。

財閥家族指定と生活困窮

こうして戦後の生産再開、経済復興に対して新たな気持ちで立ち向かおうした矢先の一九四六年三月、松下電器はＧＨＱの占領指定措置を受けて制限会社に指定され、すべての会社資産を凍結された。さらに六月には松下家が三井、三菱、住友、安田の四大財閥家族と並んで、財閥家族としてその活動が制限されることとなった。他に制限されたのは、日産の鮎川家、浅野セメント・日本鋼管の浅野家、古川鉱山の古川家、川崎造船の川崎家、中島飛行機の中島家、野村證券の野村家、理化学研究所の大河内家、大倉喜八郎に率いられた大倉家、そして渋沢栄一に繋がる渋沢家であった。

この指定に対して、幸之助は激しい抗議を行った。すなわち、江戸・明治から続く大財閥とは異なり、松下電器は幸之助が徒手空拳から創業したものである。さらに事業分野も、社会生活の改善向上を目指した民需品生産企業であり、旧来の財閥とは本質的に異なるという抗議であった。こうした抗議は他の事業家からもなされ、大河内・渋沢・川崎の三家族とともに松下も、同年末にはその指定を解かれている。

しかし、実質的な制限は一九四九年末まで続き、幸之助の生活は困窮をきわめた。給与は公務員並みに抑えられ、支出はお手伝いさんの明細まで当局に届け出る必要があった。そのため月々の生活費にも事欠いたのである。幸之助は親しい友人であった中山悦治、掘抜義太郎、鳥井信治郎などに月々の生活費を借金したほどであった。その額は当時のお金でそれぞれ一〇万円ほどに上っていたという（加護野編著 2016：184）。中山悦治とは中山製鋼創業者、掘抜とは掘抜製帽創業者、鳥井とは壽屋（後のサントリー）創業者である。

2　Peace and Happiness through Prosperity

甘くなかった GHQ制裁

前述したように、幸之助にとって「産業報国」は七精神の最初を占めるもっとも重要な大義であった。しかし、報いるべき国がどのような国家を目指し、どのような社会目的を有しているのかについては深く考えてこなかったというのが実情だった。したがって、国が戦争に向かえば軍需生産を通じて国に報い、平和転換となれば民需生産で国に報いるだけのことであった。

三菱財閥の岩崎小弥太は、GHQの指定措置について、「三菱は国家・社会に対して不信行為を未だかつてなした覚えはなく、また、軍部官僚と結んで戦争を挑発したこともない。国策の命ずるところに従い、国民としてなすべき当然の義務に全力を尽くしたのであって、顧みて恥ずべきものは何もない」と強く抵抗した（岩崎家伝記刊行会編 1979：353）。幸之助も同じ気持ちであったろう。

しかし、進駐軍からの厳しい制裁にあって、幸之助は単純に軍需生産から民需生産に切り替えれば、世間が了解するという話ではないことを痛感した。ジョン・コッターの『幸之助論』では、「甘くみていた無条件降伏」という見出しの中で、幸之助に下った厳しい措置を記述している（コッター 2008：173-175）。六月の財閥家族指定、七月の八工場の賠償工場指定、八月の軍需補償の打ち切り、さらに一一月の公職追放と続いたＧＨＱの措置の厳しさは、幸之助の想像をはるかに上回るものであった。幸之助はこのとき初めて「産業報国」の方向性を考えたのであろう。

さらに、幸之助は戦後の生産活動に大きな理不尽を感じていた。彼は戦後インフレの中で資材高騰に対処するだけでなく、従業員の給料アップを数度実施し、なんとか民需生産を軌道に乗せようともがいていた。しかし、価格は公定価格で低く抑えられ、作れば作るだけ赤字が増えるという事態に陥っていた。誠心誠意生産拡大をしようとする幸之助にとって、これは絶対になにかが間違っているとしか思えなかった。

そこで思いいたったのが、「繁栄を通じて平和と幸福を実現する（Peace and Happiness through Prosperity＝PHP）」という概念であった。繁栄（Prosperity）とは、産業を通じて豊富な工業製品を水道水のように創るという従前と変わりがない考えだが、それによって実現されるものに平和（Peace）

と幸福（Happiness）とした。ここで、重要なのは平和を第一の前提としたことである。これは明らかに戦争体験と戦後制裁の結果であった。

幸之助は戦前に国に報いるために、ある意味喜んで軍需生産に応じた。戦後の国難にあっては、平和産業に邁進しようとした。しかしその時に、GHQからの厳しい制裁にあったのである。単に産業を通じて国に報いるだけではなく、その国がどのような方向に向いているかが重要だということを思い知ったのであろう。幸之助は、「これを始めた一番の動機は、私の会社でも借金ができた。それは戦争のためだ」と言い切る。しかし、そのすぐ後に、「戦争のためには、生命まで国家のために捧げたのだから、借金はできても、命は助かったのだから文句は言えない。しかし私が憤慨しているのは税金のことだった」と繋いでいるから、本気で平和ということを第一に考えていたのかは怪しい（松下 1986b：98）。むしろ、当時の雰囲気にもっとも適合した言葉として使用したようでもある。

対米宣伝機関とはいえないPHP運動

この点に関して、ジョン・コッターは、英語の得意でもない幸之助が突如PHPといった英語表記を使ったのは、単なる対米宣伝とみられてもおかしくないとしている（コッター 2008：224-227）。しかも、一九五〇（昭和二五）年にGHQがすべての制裁を解くと、幸之助は雑誌の発行以外の活動を中止して、本来の経営に戻っている。この経緯からして、PHPはGHQに対する一時的カモフラージュの可能性もあった。しかし、コッターは幸之助が第一線を退く決断をした一九六〇年以降、それまで以上の情熱をもって再びこの運動に戻ったことから、そうした見方を否定している。本書での見解もコッターと同じで、ＰＨＰ運動は幸之助の対米宣伝活動でもなく、戦争犯罪のカモフラージュでもなかったと考える。むしろ素直な戦後感情だったのだろう。では、なぜ英語表記の運動となったのかは定かではないが、幸之助は昔から洒落た横文字や英文表記が好きだった。戦前の破魔矢とローマ字のMを組み合わせたロゴやナショナルというブランド名などもその範疇である。英語表記のＰＨＰもそれほど深い意味もなく、当時の幸之助の心境を素直に反映したネーミングだったのだろう。

PHP 研究所開所式で挨拶する松下幸之助
（昭和21年）

一九四六年一一月三日にＰＨＰ研究所は創設され、翌年一月の経営方針発表会で経営陣に以下のように理解を求めている（『五十年略史』1968：193）。

人類の平和と幸福のためには、豊かに富める社会をもたらさなければならない。現在の貧困な社会を、一日も早く改善しなければならない。しかし、現在行われていることは、すべて逆である。これは、現在の社会に繁栄をもたらす政治がないからだといえる。そして、これは、真に繁栄をもたらす経営理念が認識されていないということにほかならない。

現在の日本の状態では、国家社会の安定をはかることが先決問題である。これを考えないで会社の安定をはかることは考えられない。私は、この考えのもとにＰＨＰ運動を起こした。

幸之助は次に以下の一〇項目を当面の課題として設定し、社内外に運動として広めたのであった。

①働く者に豊かな社会を
②自由で明るい働きを
③民主の正しい理解を
④労使おのおの、その営みを
⑤まず無駄を省こう
⑥国費は少なく効果は多く
⑦租税は妥当公正に
⑧企業の細分化によって画期的繁栄を

西本願寺における PHP 講演会（昭和22年）

⑨働く者を生かして使え
⑩教育は全人格を

課題といっても、いわば当たり前の精神訓話的なものを網羅したものだが、幸之助はこれを真剣に信奉し説いて回った。しかし、その反応は決してはかばかしくはなかった。組合もこの運動にかかわることを拒否している。幸之助自身も梅田駅前で集会のビラを配り、何度となくＰＨＰ講演会を開催した。また、裁判官の集まりや京都の医科大学にまでＰＨＰの啓蒙に出かけて行っているのである（松下 1986b：102）。

一九四九年の幸之助の職場復帰や松下電器の制限会社解除に伴って、ＰＨＰ運動はＰＨＰ研究所の独自の運動となり、松下電器の社外的な運動とは分離された。

一九六二年にアメリカの『タイム』誌の表紙を飾った時も、幸之助はＰＨＰ研究所とその活動を「old man's toy」

と表現して、事業とは分離した自分自身の道楽の範疇にとどめている。しかし、彼のPHP運動に対する思い入れはいたって本気だった。それはこの運動が進駐軍や世間に向けた宣伝活動ではなく、自分自身に向けた活動だったからである。彼は会社が財閥指定され、個人的にはあらゆる公的私的活動を制限され、経営にも専念できない時に、丈夫でもない体に鞭打つように酒量を増やしたという。そんな中で心の支えになったのが、命知に次いで天啓を受けたPHP運動だったのである。彼は回顧する（加護野編著 2016：101）。

命知のとき非常にわれわれは感激しましたその感激は非常に愉快な感激だった。しかし、今度（戦後）は、追い詰められて追い詰められて、それを脱却するためのひとつ悟りというか、考え方をそこに求めたわけです。それで一応困難でもやっていこうということになった。というより、そこに大きな心の支えを見いだしたわけです。

命知の時の感激を幸之助好みのモダンなネーミングを当て、しかも平和な社会を目指すという戦後的思いを込めて、心の支えにしたのがPHP運動だったのである。

幸之助の思いが単なる対米プロパガンダでもなく制裁回避のカモフラージュでもなかったことは、一九七九年に私財七〇億円を投じた松下政経塾の設立で一層明らかになったのであった。

3　失意の時

財閥指定・公職追放と歳男の退場

ＰＨＰ研究所を設立した同月に松下電器に公職追放が言い渡された。これは、先にも触れたが旧軍需会社関係に勤務していた常務以上の役員クラスがすべての公職から追放されるという厳しい措置であった。一九四六（昭和二一）年一二月当時専務であった井植歳男（義弟）と常務であった亀山武雄（幸之助の甥）が自主的に退社した。このことについて井植は、「幹部がみなやめてしまえば、せっかく再建のメドがつき始めた会社も収拾がつかなくなってしまう。幸い、ＧＨＱは一人は残っても良いという意向をもらした。そうなれば義兄が残るのが当然である。私は退社を決意した」と語っている（井植 1963：37）。

しかし、その後の展開を見る限り、井植歳男がここで辞める必然性はなく、ことの真相はもう少し複雑だったようだ。根本的には、粘着質であった幸之助と豪放磊落の歳男という性格の違いがあった。また、戦争責任を問われた失意の中で、幸之助が造船部門など軍需生産の責任者であった歳男に当たり散らしたという話もある。

硲前掲書では、この経緯を二人の性格、経営観、戦争責任、幸之助の妻であり歳男の姉であるむめのをめぐる確執から多面的に描いている。また、岩瀬前掲書『血族の王』も幸之助が歳男に理不尽に当たり散らしたことをあげている。

さらに、幸之助の妻・むめのは歳男の実姉であり、まさに松下電器はこの三人で創業したものである。しかし、幸之助はすでに愛人を囲って二重生活をはじめており、それも歳男には許せなかったのかもしれない。もうひとつ付け加えるならば、一九四〇年に入社してきた娘婿の松下正治の存在である。正治は何の実績もないまま、入社後すぐに井植薫が苦心して立ち上げた上海松下電業の社長に据えられた。しかも結核の療養のため半年も上海には駐在しなかった（井植薫 1976：133-135）。一方、歳男は病弱な幸之助に代わって暗に陽に体を張って松下電器を引っ張ってきた。また、豪毅な性格は社員、取引先からも慕われ、次は若大将・歳男とみる向きも多かった。しかし、のちに見るように幸之助が次期社長に考えはじめたのは正治だったのである。

歳男が潔く退社した一方、幸之助はＧＨＱの財閥指定には徹底抗戦した。どうしても松下電器と旧来の財閥とを混同することに我慢ならなかったのである。本当に松下が財閥ならば諦めるが、松下電器は幸之助が徒手空拳から一代で築きあげた企業であり、戦中に軍の要請から木造船や木製飛行機を製造したことはあるが、すべて軍の要請があっての話だと主張した。幸之助はこの措置の解除のために、五〇回以上大阪と東京を往復した。常務・高橋荒太郎と渉外課長・通訳であったカール・スクリーバーは東京・大阪を一〇〇回以上も往復し、松下創業の軌跡、国民生活への貢献、軍需生産の経緯を説明し、松下が財閥とは本質的に異なることを力説した。この長期交渉を通じて高橋とスクリーバ

「松下社主に関する公職追放適用除外嘆願書」の束

ーは最強の交渉人コンビとなり、後のフィリップス社との交渉で大活躍することとなったのであった。

組合による追放解除嘆願署名

追放措置に困ったのは重役陣だけではなかった。松下電器に働く従業員にとっても、商品を扱う販売店にとっても、幸之助あっての松下だということは明らかだった。

「おやっさんがいないと、会社が潰れます。助けてください」と、追放解除の嘆願に立ち上がったのは、驚くことに組合であり、販売店であった。組合は組合員とその家族から一万五〇〇〇人以上の署名を集めて、幸之助の社長残留を商工大臣・星島二郎や大蔵大臣・石橋湛山らに嘆願した。組合員八七八一人中八一八一人が署名し、反対および意見なしは六〇〇名だった。

これには星島大臣は驚きのあまり声を立てて笑ったと伝えられている。他の労働組合からは、毎日のように「トップを外して欲しい」というまったく逆の嘆願を受けとっていたからである（裕 1995：176）。さらに、当時視察にきたＧＨＱの経済担当者が幸之助の経営理念に共感し、追放関係と担当が違うが、「君がやっていること、立派な男だということ、また君がひじょうに平和的な念慮を持っていることを進言してあげよう」といってくれたことも幸運だったと幸之助は回想している（松下 1986b：95）。

一九四七（昭和二二）年に入って、追放指定は無審査・無条件追放のA項から審査つきのB項に変更され、五月には松下全重役の追放指定が解除された。また、インフレに助けられてラジオや電球生産量は早くも戦前水準に復活し、売上げも一億円に達した。しかし、インフレの中で、公定価格は据え置かれたため、売れば売るほど赤字が出る状況となり、財務状況は悪化の一途をたどった。この間、住友銀行から追加融資二億円を受けたが、そのほとんどは高騰する賃金や資材のために、インフレの中に消えていった。しかも、一九四八年には集中排除法の適応を受けて、松下は会社分割と会社整理を検討しなければならなくなった。多くの日本企業と同じように松下はあわや倒産の危機に陥ったのである。

この悪性インフレを撃退するために、一九四九年二月にGHQ経済顧問・デトロイト銀行総裁ジョゼフ・ドッジが来日して、急激なデフレ政策を導入した。いわゆるドッジ・ラインである。ドッジの経済勧告の趣旨は、米国の経済援助とさまざまな補助金に依存している日本経済は、実力以上の竹馬を履かせられているようなもので、身の丈に合わせて自立させる必要があるというものであった。ドッジはこの「竹馬経済」を、緊縮財政・経済合理化・貿易振興によって自立させようとした。

ドッジの厳しい緊縮財政でインフレは収まったが、デフレによる大幅な景気後退が始まった。この段階で松下電器の負債は一〇億円に達した。しかし、幸之助はこの苦難の最中一九四九年五月に東京証券取引所・大阪証券取引所に株式を上場し、八月には新たな経営陣を発表している。なんとしても再起の道筋を立てようとしていたのである。この時発表された経営陣は、社長・松下幸之助、副社長・松下正治、専務・高橋荒太郎、常務・藤尾津与次と井植薫（歳男の末弟）、監査役は中尾哲二郎であった。この段階で、残っていたとしても井植歳男の出番はなかったのかもしれない。

不本意でさみしい思い

一九四九（昭和二四）年松下電器は物品税が納められず、幸之助は、「税金滞納王」と呼ばれることとなった。当時の物品税は工場出荷段階で課金され、それが売れたかどうか、資金が回収されたかどうかには関係なく徴収された。資金が回収されていないためこれが滞納となった。これはまだ反資本主義的な雰囲気の日本にあって格好の話題となり、松下幸之助の名前は「税金滞納王」として全国に報道されたのであった。幸之助にとっては不名誉で情けのない話であった。

戦後の五年間に幸之助はさまざまな再建策を打ち出したが、追放指令や会社分割指令などの経済制裁のために遅々として進まなかった。そのため、経営家族主義を信奉してきた幸之助も、希望退職を募らざるを得なかった。終戦翌年の一九四六年に一万四八六三人だった従業員数は、四七年には七九二五人へ半減している。さらにドッジ・ラインのデフレ不況が深刻になると、幸之助は一九五〇年三月に創業以来はじめての従業員解雇に踏み切った。当時四四三八人まで削減されていた従業員のうちさらに五六七人が解雇されたのである。彼はこの時を振り返って、「さて社長職は頑張り通したものの、この五年間で事業どころか借金だらけ、負債は十億円に達し、税金でも一時滞納ナンバーワンに数えられたりした。結局、今までどんな苦しいときでもやらなかった人員整理をやむなく断行、従業員は三千五百人に減ってしまったが、生涯このときほど不本意でさみしい思いをしたことはない」と回想している（松下 2001a：42）。

ところが、事態は一変する。一九四九（昭和二四）年一〇月に毛沢東率いる中華人民共和国が設立されると、極東における共産主義勢力拡張の懸念が強まった。一九五〇年に入りその中国とソ連に支援された金日正率いる北朝鮮軍が三八度線を越えて大韓民国に侵攻した。朝鮮動乱の勃発である。世界は、とくにアメリカはソ連・中国から朝鮮半島にかけて共産主義革命が雪崩をうって極東地域に拡散することを怖れた。したがってアメリカは対日政策を懲罰的なものから、復興と経済発展を促進するものへと変えざるをえなかった。極東における共産主義のドミノ連鎖を食い止める不沈艦としての日本の重要性を確認したのである。

しかも、ドッジ・ラインで日本企業は筋肉質になり、設定された一ドル三六〇円という円安の為替レートも日本企業の輸出にとっては有利なものとなった。当然、さまざまな制裁を解除された松下電器も復興の道に突き進むこととなったのである。

第七章　戦後復興と五カ年計画

1　戦後復興の道程

一九五〇年の北朝鮮の大韓民国への侵攻いわゆる朝鮮動乱によって、日本を取り巻く経済情勢は一変した。まず、連合国司令部の対日政策が経済制裁・懲罰政策から復興支援・同盟政策へと大きく変更された。次に朝鮮動乱は対日政策を変更させたばかりか、米軍の朝鮮半島派兵に伴う特別需要を日本経済にもたらした。ここでは戦後復興過程の幸之助と松下電器を見ていこう。

三事業部制の復活

ドッジ・ラインによる激しいデフレ政策により、時代に対応できない多くの日本企業は倒産に追い込まれた。しかし、見ようによっては、このデフレ政策が日本経済および日本企業の足腰を鍛えたともいえる。デフレ経済の中で松下電器も初めての大量解雇を断行し、戦中に拡大した事業の整理統合も必要に迫られた。

一九五〇年七月、失意の日々を送っていた幸之助は経済人パージを解かれて、「商売一本で行く」と新たな意欲と決意を臨時経営方針発表会で表明した（『五十年略史』1968：218）。

松下電器は、終戦後五年の間、いろいろな問題に逢着してきた。逆境にたっても、お互いに精魂を傾け、力をふりしぼり、ふんばってきた。この汗と油の結晶で、こんにち、ようやく曙光を見るところまでこぎつけてきた。この間の苦労は必ず身につき、得がたいチャンスとして、のちのちの楽しい思い出になるに違いない。

いまや新たなる使命を自覚し、ことに朝鮮嵐が身近に吹きすさぶ現状からすれば、しかも漸く栄養失調から回復期に入った松下電器としては、この際、大地に足をしっかりと着け、よほどの心構えをもって臨まなければ、嵐に吹きとばされてしまう。いかなることが起ころうとも、踏みこたえるだけの内容を築いておかなければならないと感じるのである。この関頭に立って、しかも日本の再建に思いをやるとき、仕事に励む喜びが芽生えてきた。明けても暮れても、商売一本で行く意欲がわいてきた。

朝鮮特需に沸く日本経済のもとで業績は急回復を遂げた。一九五〇年の後半期の売上げは一七億二〇〇〇万円に達し、前期の九億八〇〇〇万円に対して八割増となった。しかし、松下電器における特需は、乾電池、蓄電池、通信機、電球などで総額四億円弱となり、この間の総売上げの一〇パーセントにも満たなかった。松下の回復は軍需頼みというよりは日本経済の回復に伴う民需に支えられたというのが実情であろう。

この回復にあって、専門細分化戦略に基づいて構成された事業部制が効率性を発揮した。一九五〇年に再開された事業部門は三つで、第一事業部はラジオ・通信機・電球・真空管製造、第二事業部は乾電池・電熱器、第三事業部は蓄電池・変圧器であった。第一事業部は幸之助が直轄し、第二事業部は松下正治、第三事業部は高橋荒太郎がそれぞれ責任者となった。このうち、高橋が管轄した第三事業部だけが採算が取れない状況に陥った。高橋は生来の生真面目な性格から生産性、品質、労働者の熟練度などを丹念に調べ上げ、そのそれぞれに改善点を見いだしたが、どうもそれらが問題の根幹にあるとは考えられなかった。むしろ、「松下精神に沿って仕事をしていないから」と結論づけたのである。

松下では、戦後民主化の中で「七つの私たちの遵奉すべき精神」を朝会で唱和することはなくなっていた。朝の唱和が組合によって廃止されたということを聞くと、彼は直接組合委員長に唱和の是非を尋ねた。組合側はこの廃止は組合の発案ではなく、前任事業部長が決めたということが明らかになった。また、綱領を自分たちの行動規範にしながら生産に従事するという姿勢も失われていることも明らかになった。高橋は従業員を集めて、「我々の抱えている問題の根幹は、松下の基本方針に沿って仕事をしなくなってしまったからである。綱領に従い、綱領に照らして自分たちの行動を謙虚に反省してみれば、我々は必ず成功する」、と幸之助ばりの演説をぶったという（コッター 2008：185）。唱和は復活し、従業員は自主的に生産性向上・品質改善に取り組むようになった。

この頃から、高橋荒太郎はまさに幸之助の分身として松下電器の経営を牽引し、精神的支柱となったのであった。

高橋荒太郎のこと

松下電器の発展を、高橋荒太郎《たかはしあらたろう》の存在を抜きに語ることはできない。彼は松下電器には途中入社ながら、幸之助の経営理念にもっとも共感し、もっとも影響を受け、それをもっとも忠実に実行した人間であった。彼は一九〇三（明治三六）年香川県小豆島生まれで、幸之助よりも九歳若い。小学校を卒業すると商店で丁稚をしながら夜学であった神戸商業補習学校に通い、一六歳の時に簿記専攻科を卒業している。一七歳で大阪の朝日乾電池株式会社に入社し、メキメキ頭角を現し、二五歳で常務取締役、三〇歳で取締役支配人にまで昇進している（高橋 1979）。彼の武器は、経理を通じた冷静な分析力であり、実行力を伴った経営手腕であった。一九三六（昭和一一）年朝日乾電池と松下電器が業務・資本提携すると、高橋は監査課長として松下に入社した。入社した年に、高橋は経理的手腕を発揮して「経理事務処理準則」を書き上げている。さらに彼は、事業部制という分権的組織を中央本社がしっかりと統合する仕組みとして経理社員制度を築き上げている。

事業部制組織では、独立採算制のもとで事業部の全権が事業部長に任せられる。したがって、事業部長には長期的な成長を犠牲にしても短期的な成果や数字的操作を行いたいという誘惑が存在する。それを事業部から独立した経理部所属の専門社員が独自のローテーションで事業部に派遣され、各経理を管轄するという仕組みである。現在でいう縦割りの事業部制組織に経理職能を横串に刺すマトリックス組織である。これによって、事業部の独立性を維持しながら、本社からの統制を経理の視点から統合するという優れた仕組みである（加護野編著 2016：274-275）。

高橋荒太郎と松下幸之助（会長退任に際して）

幸之助は実直で冷静かつ情熱的な高橋に「惚れ込んだ」。一九四三年には取締役総務部長、四四年常務取締役、四六年には専務取締役に昇進させ、幸之助社長、正治副社長と並んで、松下全体の経営を担わせたのである。「荒太郎あっての松下」と多くの人がいうように、幸之助が病弱でありながらも、海外企業との提携、企業買収や経営統合、さらにはＰＨＰ活動や政治活動などの幅広い活動ができたのは、松下電器の実務をしっかりと掌握していた「大番頭」荒太郎がいたからである。幸之助が「惚れた」という題名の書籍があるが、この相思相愛のコンビがいたからこそ松下の大きな飛躍があったといっても過言ではない（小宮 1996）。

さて、幸之助は戦後の家電ブームを予感し、第二事業部からアイロンなどを製造する電熱部門を再び分離して、さらなる家庭用電化製品拡充のために第四事業部を設立した。戦後成長に照準を合わせたのである。

2　アメリカ視察とフィリップスとの提携

アメリカ視察・アメリカから学ぶ

一九五一年一月、幸之助は経営方針発表会で、「いままで、狭い視野の下で働いていたわれわれは、今や、世界の経済人として、日本民族の良さを生かしつつ世界的な経済活動をしなければならないのである」と、海外に視野を向けることを宣言した。同時に、自身の渡米を発表したのであった。渡米の目的は、「海外に何を輸出できるか、海外技術導入の可否、経営に関して海外に学ぶべきものは何か」を実際に確かめることであった。

当初ニューヨークを中心とした一カ月程度の滞在を考えていた幸之助だが、見るもの聞くものすべて新しく、結局旅程を延長して滞在は三カ月におよんだ。サンフランシスコの黄金橋、マンハッタンの摩天楼、ニューヨークのセントラル駅。駅やビルの鏡のような大理石の床、街に溢れるピカピカの自動車、安価で高性能のラジオ。「こんな国と戦争したらあかんわな」と幸之助は漏らした。一方で、彼は専門特化した企業が隆盛をきわめているのを目撃して、専門細分化原則のもとで実行してきた事業部制組織は決して間違っていなかったと確信した。また、アメリカの繁栄が民主主義や合理的な生産性向上に基づいていることにも大きな感銘を受けた（加護野編著 2016：115）。

とくに、エレクトロニクス技術に関しては海外に学ぶべきものが多いと理解した。したがって、四月に帰国するとすぐに、自身の管轄する第一事業部から、電球・蛍光灯・真空管などの管球部門を分離して第五事業部を設置し、海外からの技術導入とくに真空管やトランジスタに関する技術導入準備を進めたのであった。

ジョン・コッターが「当時アメリカを訪れた日本人は、アメリカと日本の生活条件のあまりの格差に落胆して帰ってくることがほとんどだった。だが、またもや幸之助は旺盛な挑戦意欲を奮い起こしたのだった」（コッター 2008：188）と指摘したように、幸之助はアメリカに学び、アメリカを超えることを考えた。「アメリカの良いところを大いにとり入れ、その上に日本の良さを生かせば、日本は、

渡米前は丸刈坊主頭だった幸之助

アメリカ視察中，髪を伸ばした幸之助（写真は昭和26年10月の再度のアメリカ視察時）

すばらしく良くなる」、と（『五十年略史』1968：222）。
この米国視察で面白いのは、幸之助が「毎日一人で街を歩き、一日に必ず一回は映画を見た」ことである（松下 2001a：50）。「英語は全く分からないが、画面に変化があり、市民の生活ぶりがよく分かるので退屈しなかった」というように、彼はハリウッド全盛期の映画から生きたアメリカ経済・社会・文化を吸収した。いかにも、天性のマーケターらしい着想である。さらに、アメリカの影響は、それまでの丸刈坊主頭をやめ、七・三の髪型と、バリッとしたスーツの新調にもおよんだ。これには羽田に出迎えた社員も見分けがつかず、うろたえたといわれている（加護野編著 2016：117；裕 1995：64）。

フィリップス社との技術提携

幸之助は山ほどの経営情報や触発をもって帰国すると、仕入れた知識を具体的な行動に移した。前述したように、管球事業を手掛ける第五事業部を設立して、一番気にかかっていたエレクトロニクス事業のテコ入れに動いた。一九五一年四月の帰国からわずか半年後の一〇月に再びアメリカに渡り、そのままヨーロッパのドイツ、フランス、イギリスにそれぞれ数日、そしてオランダに二週間滞在した。あれだけアメリカにおいて刺激と感銘を受けたにもかかわらず、幸之助はオランダのフィリップス社に一〇日以上滞在した。技術導入の相手としてフィリップス社を選んだのである。

当時、世界の電気・電子製造企業界にあってフィリップスは、GE、ウェスティングハウス、ウェスタン・エレクトリック、RCAに次ぐ世界で第五位の売上げを誇るヨーロッパ最大の企業であった。研究開発担当の中尾哲二郎が戦前フィリップスを訪れて真空管に関する技術提携を申し入れたが、戦争のために実現しなかった経緯があった。しかし、幸之助はその経緯とは異なる思いでフィリップスとの提携に踏み切っている。オランダという国の小ささ、フィリップス社の成り立ちに親近感を覚えたのであった（松下 1979：73）。

アメリカは立派な技術があるが、規模やその他の点で日本とちがいすぎる。欧州へ行ってオランダをみてみると、国柄も小さく、日本に向くのではないかと感じた。しかも、このオランダにあるフィリップスという会社は、松下電器の生い立ちに似て、個人が中心となって創業以来六十数年間、しだいに大きくなってきた会社である。そこで私は、松下電器が提携する相手としては、このフィリップス社がよいという方針を決め、話を進めた。

確かに、フィリップス社は一八九一年へラルド・フィリップスが二〇人足らずの従業員とともに電球生産を始めた町工場が出発点であった。さらに、同社は第二次世界大戦中のドイツ軍による工場接収と連合国軍からの爆撃で大きな損害を受けていた状況だった。そこから再び世界有数の電気電子機器メーカーとして蘇ったフィリップスは、豊かなアメリカ企業に比べて身近な存在だったのである。後々の交渉過程を見るにつけ、幸之助の「当社のお手本としては丁度良い」という身の丈にあった提携先選びは、かなり戦略的であったことが分かる。

交渉人・高橋荒太郎

フィリップス社との技術提携に当たったのは、戦後の松下財閥指定解除に最強コンビとして大阪－東京間を一〇〇回以上も共に往復した高橋荒太郎とカール・スクリーバーであった。フィリップス側が提示したのは、資本金六億六〇〇〇万円の合弁会社設立、一時金五五万ドル（約二億円）の支払い、技術指導料としての売上げの七パーセントという条件であった。しかも、フィリップス社の出資分二億円（三〇パーセント）は松下が用意する一時金を充当するというものであったから、すべてが松下の負担ということであった。「丁度良い」相手と思っていても、フィリップスは従業員七万人、全世界に三〇〇近い工場と販売店組織をもつグローバル企業で、当時七〇〇〇人程度の松下電器などはかなり格下の相手と見ていたのである。

幸之助は六億六〇〇〇万円規模の合弁会社設立に関しては、三〇〇〇人の研究者を抱え一〇億円以上の研究費を費やしているフィリップスを「番頭に雇った」と思えば安い、と納得した。外部資源の活用である。しかし、売上げの七パーセントというロイヤリティについては納得がいかなかった。当時アメリカのGEやRCAのロイヤリティが三パーセントというのに比べると、倍以上の数字だった。「こっちの主張が通らなかったならば、契約はせんでもいい」といわれて出てきた謹厳実直な高橋は、スクリーバーとともに粘り強く交渉に当たった。その結果、フィリップスは五パーセントまでの値下げに応じたが、幸之助にとってはまだ高い。しかし、フィリップス側は、「技術責任者を送って、責任をもって指導援助するのだから、高くても価値がある」、と譲らない。

長引く交渉の中で幸之助の頭に浮かんだのが、「経営指導料」という発想であった。「松下電器も経営責任者を送り、子会社の経営に責任をもって指導援助する」のだから、フィリップスに四・五パーセント払う代わりに、フィリップスも松下に三パーセント支払えという前代未聞の条件を提示したのであった。フィリップスは呆れて、交渉打ち切りを提案した。しかし、幸之助の分身と化した高橋荒太郎は、冷静沈着にしかもしつこくこの要求を突き通した。「相手は非常に困った顔をしたが、結局それを承諾した」のだった（この交渉の経緯は『五十年略史』1968：223-228）。まさに、フィリップス側

フィリップス社との提携の調印式（昭和27年）

交渉人たちの苦々しい顔が思い浮かぶ、なんともあっぱれなエピソードではないか。

この交渉過程には、今の日本人が学ぶべき大きなヒントがある。幸之助はもちろん高橋荒太郎も英語ができたとは思えない。しかし、問題は英語などではない。たとえ相手が一〇倍のサイズの企業であっても、誇りをもって言うべきことはいう、戦う時は戦うという姿勢である。幸之助と高橋には揺るぎない松下経営に対する信念と確信があったのである。

経営指導料の着想を、加護野編著（2016）では、一九五一年の渡米時にコンサルティング会社ブーズ・アレン・ハミルトン訪問時に「経営の指導が商売になっていることを知った」点に求めているが、幸之助は一九四六年の「技術高揚運動」の中ですでに、「わが社は、経営が技術をリードしてきたことは否定できない」と自分の経営力を自覚的に語っている。

すなわちこの段階で、彼には反省も込めて、松下の発展を引っ張ってきたのは技術よりも経営だとの自負があった。中村清司が指摘するように、この背景には幸之助の「技術を生かす経営の価値」に対する強い自信が根底にあったといえよう（中村 2001：32）。

松下電子工業の成立と発展

一九五二年一〇月に幸之助は自らオランダに渡り、フィリップスとの提携に調印した。本心ではこの巨額の合弁事業に相当心が揺れていた。松下電器自身の資本金が五億円の時に、六億六〇〇〇万円の子会社を設立するということは相当の決断であった。幸之助は述べる、「三度目の旅行は、わずか一ヶ月で、フィリップス社と提携の調印だけをすればよいという一番楽な旅程であったが、実際は、もっとも疲れた旅であった。それは、同社と提携することが真に正しいか、果たして誤りがないか、完全な決断がつかなかったからである」（『五十年略史』1968：225-226）。あれだけしたたかな交渉結果に納得をしても、経営者の心は揺れ動くのであり、またこれが松下幸之助なのである。

調印は終わり、同年一二月に松下電子工業株式会社が生まれた。幸之助は社長になり実務は住友銀行から迎えた松本三郎と三由清二とに任せた。世界有数の技術水準と規模をもつ新工場は大阪高槻市に建設され、ブラウン管、真空管、蛍光灯、トランジスタなどの電子管や半導体部品を生産し、そのほとんどが他の事業部に販売されて最終製品になった。ラジオ、テレビ、ステレオ、テープレコーダー、放送機器、無線・音響機器、通信・計測器などあらゆるエレクトロニクス応用品に組み込まれたのである。

この三由清二の登用も幸之助の「人使い」の巧みさが表われている。三由は松下直系の子飼いでたたき上げの情派家であった。相当短気で酒呑みでもあったらしい。幸之助は三由の登用に当たって、「短気を直せ」「酒に飲まれるな」などを記した七個条の説教状を贈っている（石山 1967：64-65）。三由は確かに乱暴なところもあり、社員をぶん殴ることもあった。というのも、幸之助はフィリップスとの提携から徹底的に学ぼうと決心した。すなわち徹底した模倣を決めたのである。幸之助はいう、「最初の五年間は、アンマになれ。目をつぶって、ツエをフィリップスに引っ張ってもらえ」（石山 1967：64）。その方針にもっとも適していたのが三由だった。後に松下電器副社長になる水野博之はこの人事に関して次のように述べている（水野 2014：2）。

幸之助さんの模倣の徹底ぶりは人材の選び方にも現われた。模倣を徹底させるために最も有効な人材を工場のボスに据えた。幸之助さんの右腕で、後に松下電子工業の社長を務めた三由清二さん（故人）である。

三由さんは、最近の言い方でいえば「異端の人」だった。工場では「黙ってインストラクション通りやったらいい」と、技術者から机を取り上げる。「机に座っているとろくなことを考えない。生産ラインから外れたやつがいたらぶん殴る」と言って、工場を歩いて回る。

言葉だけでなく、本当に殴りかかるのである。

（中略）

恐らく、部下に手を出すような人物は、ほかの企業では部門の長も勤まらなかっただろう。その三由さんは71年には社長に就任し、松下電子工業を高収益企業に育て上げた。逆に言えば、東芝や日立の取締役には、模倣をテーゼとし徹底する松下の取締役は勤まらなかったに違いない。人を殴るのがいいことだとは思わないが、当時は非常にユニークな経営が存在していたのである。

三由もまた「きみならできる」とおだてられ、人の何倍もの能力を発揮した一人だったのである。

戦後経済復興に向けてフィリップス社との技術提携は途方もない成功をもたらしたといえる。松下という足腰の強い企業に世界の最先端技術が融合したからである。家庭用電子製品の普及とともに、松下電子は契約満期の一九六七（昭和四二）年までに年商三四〇億円、資本金五〇億円の企業にまで成長した。それればかりか、松下電子の技術水準が向上するにつれて、海外での製品評価も高くなった。松下に海外展開の展望が大きく開けたのである。しかも、影響は技術面だけではなかった。フィリップスの会計予算システムは、松下事業部制のガバナンスのあり方に大きな影響を与えた。また、提携後松下の経営幹部と技術者は定期的にフィリップス本社を訪問し、身をもって世界的な視野を開くことができたのである。一五年の満期をもって、一九六七年にこの契約はさらに一〇年延長された。フィリップスの技術指導料は二・五パーセント、松下の経営指導料は二・五パーセント、ついに対等なる関係となったのである（『五十年略史』1968：228）。

3 「三種の神器」を生産する

洗濯機戦争
幸之助対歳男

一九五一（昭和二六）年にサンフランシスコにおいて日米平和条約が締結され、日本の占領時代は終わった。前年の朝鮮動乱に駆動された日本経済は本格的復興段階に入った。松下電器は一九五〇年にラジオの民間放送に備えてスーパーラジオを発売し、新しい照明器具としての蛍光灯も発売した。その一方で、戦争のために中断されていたテレビ受像機の研究も再開した。五一年には、第一事業部から管球部門を独立させて第五事業部として、増大する電球や蛍光灯の増産、さらにはフィリップスとの合弁に備えている。

また、これから大きな伸びが予想された家電商品として、電気洗濯機を発売したのも画期的であった。松下の電気洗濯機は女性の家事労働の低減を意識した最初の商品で、その後「愛妻号」という見事なネーミングで普及が図られた。幸之助はアメリカでの見聞をもとに、電化が意味する文化水準の高度化にも大きな関心をはらった。というのも、電化製品が電気を無駄に使うだけでなく、女性に楽をさせて甘やかすことになるという偏見があったからである。一九五七年の新聞広告では、女性の自由時間を比較し、欧米文化国＝九時間、日本の都会＝三時間、日本の農村＝ゼロ時間という円グラフから、「奥さまを愛し、家庭を大事にすること、個々の家庭の文化水準を上げることが、国の文化を高める結果にもなるのです」と訴えかけた（加護野編著 2016：132）。こうして松下の電気洗濯機は一九五三年に、四四パーセントを上回るシェアを獲得した。

しかし、洗濯機の覇者となったのは義弟・井植歳男が設立した三洋電機であり、「サンヨー洗濯機」だった。歳男は一九五三年にそれまでの攪拌式の洗濯機に対して、水が側面から噴出する噴流式洗濯機を発売し大好評を得た。三洋の技術陣がイギリスのフーバー社の洗濯機をリバース・エンジニアリングして、特許侵害なしに製造できると判断して売り出したものだった。しかも、噴流式は値段も二～三割安く、四角いスマートなデザインでドラム缶型の松下製品を凌駕した。シェアはたちまち逆転し、一九五四年には三洋電機三二・七パーセントに対して、松下は二七・八パーセントで二位に転落した（岩瀬 2014：210-211）。

松下電器・フィリップス社提携
松下電子工業創立15周年記念式典（昭和42年）

この成功で、歳男は一九五四年独立後わずか七年にして幸之助を抜いて全国申告所得番付で第一位になっている（裕 1995：68）。前年の一九五三年に番付一位になった幸之助は、洗濯機と所得番付で同時に二位に転落したのだから、腹の虫がおさまらなかった。二人の仲は一層険悪になった。しかし逆にいえば、井植歳男という男の計り知れない底力を伝えるエピソードでもある。

幸之助はこのことに相当わだかまりをもった。「サンヨー洗濯機」が大ヒットした翌年に兄・歳男のもとに行った井植薫は幸之助に呼び出された。薫は一九五〇年に松下を辞めて三洋に移っていたのである（井植薫 1976：271-273）。

「いっぺん聞いてみようと思うとったが――」

私が腰をおろすと同時に、幸之助社長は、待ちかねたように切り出した。

「洗濯機というものを普及させたのは、誰やと思うとるかね。ワシが普及させたのと違うか」

私は、すぐに返事はしなかった。幸之助社長の言いたいことが、ピンと来たからである。

幸之助は「後から出て来てみんなとってしまうとはどういうことや」とたたみかけてきた。薫は特許対策からはじめて、三洋の正当性を訴えた。すると幸之助はあっさりとカブトを脱いだという。薫は「幸之助社長は私に文句を言いながら愛弟子が自分を負かしたことを喜ぶ横綱のような心境だったのではないか」と回顧している。

家庭電化のリーダーへ

一九五三年にテレビ放送が本格的に開始されると、幸之助は第一事業部からテレビ部門を独立させて第六事業部を設立した。アメリカで急拡大したテレビ市場を体感していた彼は、テレビがラジオを超える大衆娯楽の目玉になると確信していた。前年に発売した二九万円もする一七型デラックス受信機をさらに改善し、一四型を一四万八〇〇〇円で売り出し、五五年には八万円まで価格を引き下げている。フォードに見習った勝利の方程式がここでも活用された。さらに、一九五九年四月の皇太子殿下・美智子妃のご成婚は、日本中にテレビブームを巻き起こし、四割近い家庭にテレビが一挙に普及した。その先頭に立ったのはナショナル・テレビだった。

洗濯機、テレビとくれば次は冷蔵庫だった。幸之助は、電熱部門を独立させた第四事業部で電気冷蔵庫の開発と発売準備を進めていたが、一九五二年に中川機械社長の中川懐春《やすはる》を紹介されると、すぐに中川機械と業務・資本提携をした。自社開発では時間もかかるし、二重投資になると判断したからである。中川は戦後進駐軍向けの大型冷蔵庫を製造していたが、日米和平条約締結によって進駐軍の引き上げが始まると、民生用冷蔵庫の販売を松下電器に頼もうと思ったのだった。幸之助はこの提携を一三分で決断した。幸之助は中川の人柄を見込んで、その工場も見ずに提携を決めたといわれる。この冷蔵庫はテレビ・電気洗濯機と並んで高度経済成長を牽引した三種の神器のひとつとなり松下電器を引っ張った。しかも、中川はその経営手腕を買われて松下電器の常務にまで抜擢された。幸之助の外部人材を見る目の確かさを物語るもうひとつのエピソードである。

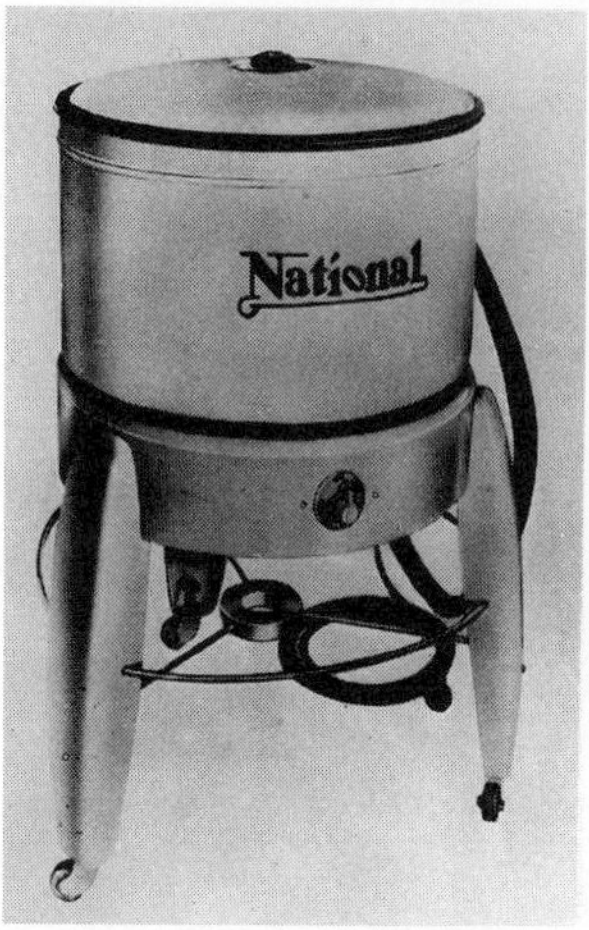

電気洗濯機1号機

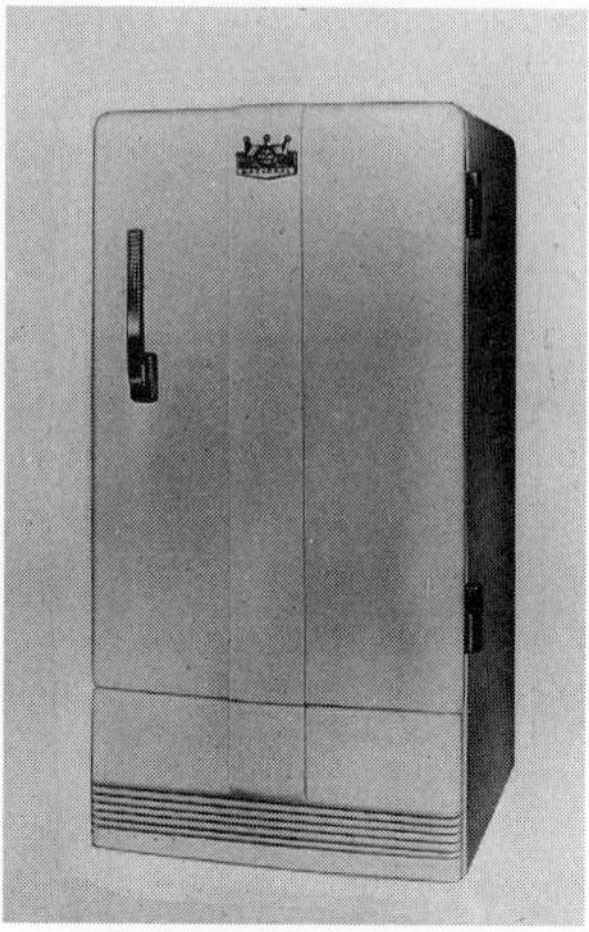

電気冷蔵庫1号機

白黒テレビ1号機

さらに、松下電器の業容拡大に貢献したのが、一九五四年に資本提携をした日本ビクターである。日本ビクターは戦前一九二七（昭和二）年に米国のビクター・トーキング・マシンの日本子会社として設立された、蓄音機製造販売会社であった。あの可愛い犬が蓄音機の前で主人の声に耳を傾けるトレードマークをもつ会社である。米国ビクターは一九二九年にＲＣＡに買収されたことから親会社はＲＣＡビクターとなった。ＲＣＡは海外展開に関しては現地企業との合弁という方針だったため、三井・東芝が出資して日本ビクターのパートナーとなった。その後、戦時期の外資規制のために、日本ビクターの所有権は日本産業（日産コンツェルン）に売られ、一九四三年に再び東芝に移り英語表記をやめて「日本音響」に社名を変えるという経緯を経ていた。

戦後、再び社名を日本ビクターに戻すが、所有権は軍事会社指定を受けた東芝から日本興業銀行に移った。しかし、興銀も反銀行独占を掲げるＧＨＱからの制約の中で日本ビクターの再建処理に困り、東芝に再び売却しようと試みた。だが、東芝本体も厳しい再建事情と労働争議の中で引き受ける余裕もなく、再び米国ＲＣＡに戻そうという動きになっていたのであった。

この話を聞いた幸之助は、「ＲＣＡへ返せば外国の資本が入ってくるということになりますわな。それが僕の耳にはいって、それだったら、ＲＣＡへ返すようなことになれば、日本の業界も脅威を感じるから、じゃ僕が引き受けようということになった」と回想する（加護野編著 2016：126）。この時も、彼は日本ビクターの日本工場を見ることもなく同社を引き受けたが、それには二つの大きな価値

ナショナルテレビの前で（昭和31年）

があったからだ。主人の声に耳を傾けるニッパー君というトレードマークとブランド。さらに重要だったのが、一九四六年に同社に入社した高柳健次郎に率いられた技術者集団であった。

「テレビの父」と呼ばれる高柳は、一八九九（明治三二）年に静岡県に生まれた。一九二一年に東京高等工業学校を卒業後に浜松高等工業で教鞭をとり、一九二六（昭和元）年に世界で初めてブラウン管テレビ受像機を開発し、「イ」の字を送・受信した。その後NHKに移り一九四〇年に予定されていた東京オリンピックに備えたテレビ放送を準備していたが、戦争でテレビ研究は中止されレーダーなどの開発に従事させられていた。戦後は、すぐに日本ビクターに弟子たちと共に移って、テレビ研究を再開した。しかし、戦災を受けた日本ビクターの再建の道は険しく、その帰属は不安定なままであった。そこに、手を差し伸べたのが幸之助であった。幸之助は、「あの人（高柳）は看板や、辞めさせるようなことをしたらあかんで」、と側近に呟いたという。彼らはのちにＶＨＳビデオレコーダーを開発するという大きな貢献を松下にもたらしている。

ちなみに、幸之助は同社の独立と自主経営を認め、同社社長には同郷で海軍大将を務め、幸之助の娘幸子の結婚式の首席であった野村吉三郎を送っている。野村は、戦中には駐米大使として日本政府に自重を促した反戦争論者であり、戦後は幸之助の経済人追放に関する情報収集を助けた人物であった。ただし、日本ビクターの経営方針はビクター側に保証されたのである。

中央研究所と販売組織の拡充

松下は日本経済の復興と同時に、自主開発に加えて海外からの技術導入・企業統合などを通じて大きな成長を遂げた。まさに、日本国民の文化生活向上の中心になった「三種の神器（テレビ・洗濯機・冷蔵庫）」を、生産に次ぐ生産、販売に次ぐ販売をすることで勝ち取ったのであった。しかし、こうした体制を整えるにはそれ相応の準備があった。まず、一九五三年に設立された中央研究所の役割である。

中央研究所は製品開発と同時に、これから必要となるオートメーション技術や治工具などの生産プロセス改善・改良に力を入れた。これは戦前から一貫する大量生産によるコストダウンが大量消費を生むという勝利の方程式を体現するものであった。前述したように、プロダクト・イノベーションだけがイノベーションではない。その生産プロセスの絶えざる改良こそが企業の競争力を生む源泉なのである。中央研究所では、専門の機械製作工場や製品デザイン研究所を含有する生産プロセスの改善・改良に大きな力点が置かれた。それが松下を「マネシタ」と揶揄する声に繋がったともいえるが、プロセス・イノベーションこそが企業の競争力と収益力にもっとも寄与する分野なのである。

生産プロセスと並んで重要なのが販売力である。一九五〇年に事業部制が復活すると、専門細分化の原則に従って、各事業部は生産と販売に責任をもつ体制を進めてきたが、一九五一年に個々の事業部の販売を全体から統括する市販部を本社に創設して幸之助自らその部長職を兼任した。事業部ごとに販売組織が整備されているのに、本社に販売統括部を設けるのは組織重複であり、無駄な投資に思える。しかし、加護野忠男が長年指摘してきたように、事業部の販売部門と本社の販売組織の並存は、松下幸之助の戦略志向に依存している。幸之助が拡大や成長を志向する時は、本社の統合力に重点が置かれ、事業部の安定した利益率が志向される時は分散化に振れるのである（加護野編著 2016：274-285）。したがって、この段階で本社に市販部を設けた事実は、幸之助が松下の拡大成長にギアを入れたことを意味している。

同時に、各事業部で担当していた宣伝業務も本社宣伝部に統合し、これも幸之助自ら部長を兼任している。幸之助には並々ならぬマーケターとコピーライターとしての才能があると述べてきたが、ここにきてその職務を兼任するまで力を入れることになったのである。電気洗濯機の女性の自由時間の比較などは、コーポレート・コミュニケーションをベースにした宣伝手法でそのセンスが光る。このコピーと意見広告を実際に企画したのは竹岡美砂という女性であるが、それを採用するセンスが幸之助にはあった（加護野編著 2016：131-132）。

さて、販売力強化でもっとも画期的だったのは、一九五一年に全国各地の代理店と共同出資で設立された「ナショナル・ラジオ月賦販売会社」であった。日本の高度経済成長を牽引したのは大衆消費、とくに三種の神器消費である。その消費活動を支えたのが実は月賦販売であった。今でこそ小口融資としてのマイクロ・ファイナンスが注目を浴びているが、日本の高度経済成長を支えたのも簡単な信用調査で資金を融資した月賦制度だった。販売代理店の協力を得て、この月賦販売会社は全国二七カ所に展開され、松下の販売活動を支援した。

ナショナルショップ（広島店会）謝恩会の様子
（昭和43年）

さらに、これまで松下を支えた販売組織である連盟店制度をさらに拡大すべく、幸之助は一九五七（昭和三二）年自ら他社系列の小売店を一軒一軒訪ね歩き、松下製品の販売を各店主たちに依頼した。これが、日本初の系列電器店ネットワークとなる「ナショナルショップ」である。ナショナルショップは月賦販売と並んで日本全国に松下電器製品を流し込む有力なツールとなった。「町の電気屋」さんとして親しまれたナショナルショップは、ピーク時に約二万七〇〇〇店にも上り、量販店の興隆や家電製品の多様化が進むまでは松下の圧倒的な競争優位となった。ところが、この強みが弱みに変わる日がくるとは、流石の幸之助も気がつかなかったのである。

五カ年計画

一九五六（昭和三一）年、幸之助は一九六〇年までに売上げをそれまでの四倍に伸ばすという一見荒唐無稽な計画をぶちあげた。一九五六年の売上げが七〇億円であったことからすれば、無謀な数字だった。しかし、幸之助はこうした大きな目標を掲げてブレークスルーを引き起こすコツを知っていた。ただ単に無謀なだけでなく、過去のトレンドや他の状況を見極めてストレッチをかけるのである。

ラジオ開発の時も、中尾哲二郎に時計の事例と比較の上で三カ月での完成を迫っている。また、トヨタ自動車に納めるカーラジオにも三〇パーセントのコストダウンを迫っている。その時のロジックは、「三パーセントのコストダウンは難しいが、三〇パーセントならできる」というものだった。すなわち、三パーセントだとこれまでの延長線上で考えるが、三〇パーセントだとまったく違ったやり方すなわちイノベーションが起こると考えたのである（加護野 2011：118-119）。

五カ年計画を発表する直前期、一九五六年から五七年にかけて松下の売上げは一年で一・五倍になっていた。幸之助にとってみれば、このトレンドで考えれば決して無理な数字ではなかった。しかし、多くの従業員は過去のトレンドが朝鮮動乱の特需によるものと考えていたのである。しかし、特需が松下にもたらした需要増は一〇パーセント足らずだったことはすでに見た。幸之助はこの急拡大が特需ではなく、日本経済の急回復そして大衆消費社会に基づいていると見ていたのである。しかも、ラジオや蛍光灯に続いて、テレビ、洗濯機、冷蔵庫の目安を立てることも視野に入れていた。決して不可能な数字ではなかったのである。

第八章　成功そして成功体験のほつれ

1　事業拡大・社長引退・熱海会談

五カ年計画の達成と社長引退

松下電器の一九六〇年までに年八〇〇〇億円の生産販売を達成するという第一次五カ年計画は、目標を二〇〇〇億円以上上回るかたちで達成された。さらに、一九六〇年七月に岸内閣に代わって「経済重視」の池田勇人内閣が政権に就くと、安保闘争に明け暮れていた日本経済は大きく高度経済成長路線に舵を切った。池田は「国民所得倍増計画」を前面に押し出し、政治闘争よりも経済政策中心の政策運営に政治生命をかけたのだった。松下電器はこの一大好況期に当たってさらなる成長を遂げたが、同時にこれまでの成功体験の修正を余儀なくされるような変化に見舞われるのであった。

前章までに述べてきたように、GHQの占領政策変更後の一九五一年からの松下電器の発展は目覚ましいものがあった。とくに、一九五二年中川機械と冷蔵庫生産をめぐる提携、フィリップスと電子関係の技術提携が成立、さらに一九五四年日本ビクターとのテレビに関する技術提携を終えると、松下の商品ラインアップにテレビ・電気洗濯機・電気冷蔵庫という三種の神器が出揃った。この機をとらえて幸之助は一九五六年に前述した強気の五カ年計画を発表した。一九六〇年までに売上高を二二〇億円から八〇〇億円へ、従業員を一万二〇〇〇人から一万八〇〇〇人へ、研究開発費は一〇倍増というものであった。

コッターはこの計画を、「日本の礼儀からして、立ち上がって『社長は正気ではない』と叫んだものはさすがにいなかったが、一九五六年一月のこの会議の出席者の多くがそのように感じた」と述べている（コッター 2008：205）。しかし、実際には計画をほぼ達成する七九二億円の売上げで一九六〇年を迎え、翌年には一〇〇〇億円を上回る実績を示したのであった。一九六一年一月恒例の経営方針発表会で、幸之助は目標達成を一応は喜んだが、むしろ演説の大半は拡大した業容に油断することなく資本効率の上昇や生産販売のさらなる合理化を求めることに終始した（『五十年略史』1968：295-296）。

この間に、資本金も予定以上に膨張して一五〇億円になり、従業員も、当初の予定を大きく上回って、二万五〇〇〇人に増えたが、増えただけの成果が上がっているとはいえない。

全国に建設した販売会社も、その力を十分に発揮するところまで行っていない。これらの販売会社は、その自主的な経営意欲によって販売の正常化を推進し、適正利潤を得て経営の安定化が実現するはずであったが、現実には、自主性が弱く、松下に頼ろうとする販売会社が少なくない。自主的な意欲がなければ販売の正常化どころか販売会社の経営さえむずしい。

問題は販売会社ばかりではない。松下の従業員の間にも、業容の拡大につれて安易感、会社まかせの気持ちが生まれてはいないだろうか。五カ年計画を達成し、一つの時代が終わり、新しい時代が始まろうとしている現在、松下電器の体質は、すべてが健全とはいえない状態にある。

と危機感を指摘し、「会社でも、この会社は大きいから大丈夫だろうというような考え方で入ってきた人ばかり集まった会社ならば、その会社はつぶれてしまう」と従業員の自覚を求めたのだった。

しかし同時に、多くの役員たちでさえ寝耳に水の発表を聞くことになった。それは幸之助の社長引退声明であった。幸之助はこの時ちょうど六六歳になっていた。引退宣言をいつから考えていたのかは未だに定かではないが、自分の病弱な体質や経営に長くかかわることの危険性から、なるべく早く引退したいと考えていたようだった。

一九六一年に松下電器は売上げ一〇〇〇億円を突破し、フィリップスとの提携・中央研究所の建設など技術基盤の拡充にも目鼻がついた。さらに、ナショナルショップという日本全国を隈なく覆う販売ネットワークも完成した。幸之助には松下の発展はある程度軌道に乗ったものと見えていたのだろう。経営方針発表会の席上で、自身は会長に退き、娘婿である松下正治を社長、大番頭の高橋荒太郎を副社長とする人事を発表した。

この発表は大きな驚きをもって迎えられた。幸之助あっての松下電器ということは衆人の一致する見方であり、その後任である正治自身は経営者としての評価も定まっていなかった。彼が松下に入社したのは一九四〇（昭和一五）年で、翌年からは井植歳男の弟である薫が上海で立ち上げた上海松下電業に、幸之助の意向で同社社長という名目で送られてきた。しかし、その年に帰国後は病気療養のために日本に駐在し、実質的な仕事はしていない（井植薫 1976：132-136）。

一方、戦後の追放令や企業整理に追われた五年間にあって、戦後処理・経営再建に奔走したのは、高橋荒太郎であった。その意味で、高橋の副社長の就任は納得のいくものであった。幸之助は社員の実力に応じて適材適所で人を使い、たたき上げと学卒者の見事なバランスのうえに松下の成長を築いてきた。また、欠点よりも長所を見て人を活かしてきた。初期松下には奇跡的に素晴らしい人材が顔を揃え、育てられていた。高橋荒太郎はもちろん、義弟の井植歳男は社員からも幸之助大将に次ぐ「若大将」として慕われ、病弱の幸之助に代わって八面六臂の活躍をした人物である。歳男の経営手腕が単なる血縁上のことでなかったことは、幸之助と袂を分かった後の三洋電機の興隆をみれば一目瞭然である。

また、中尾哲二郎、後藤清一なども衆目の一致する経営者であった。しかし、残念ながら正治に関してはその種の話や伝説を聞かない。正面切ってこのことを指摘する著作はほとんどないが、名経営者としての幸之助の経歴に正治の抜擢は暗い影を落とす人事であった考えられる。

しかし、これも松下幸之助なのである。決して神様などでなく、一人の人間だった証左なのである。彼自身もこのことに気がついていたのであろう。記者会見では、「あの人（正治）は責任感も相当あるし、高橋（荒太郎）副社長が非常にベテランやし、よく二人が一致してやっていけば、むしろ、そこから生まれる味というものは、僕以上のものが生まれてこないかと思うんです」と敢えて正治の長所を述べただけでなく、荒太郎というベテランが副社長についているから安心だという解説までしている（加護野編著 2016：137）。

熱海会談――情と理からの反乱　高度経済成長の幕は切って落とされ、松下は新たな体制で成長路線を突き進んだ。一九五九年の皇太子・美智子妃ご成婚に向けたテレビブーム、一九六四年に開催の決まった東京オリンピックや新幹線整備なども、その拡大に拍車をかけた。商品ラインアップも次のように拡充された。

一九五六年　自動炊飯器、掃除機、ジューサー、電気毛布
一九五七年　トランジスターラジオ、スーパーブライト蛍光灯、丸形蛍光灯、乾電池時計、自動点

火ガスコンロ
一九五八年　ステレオ、テープレコーダー、クーラー、電気ミシン、水銀灯
一九五九年　電気鉛筆削り、乾燥機、アルカリ電池
一九六〇年　カラーテレビ、トランジスターテレビ、赤外線コタツ

などの新製品群は、競合メーカーとの技術と価格をめぐる激しい競争もあってまさに空前の家電ブームを巻き起こし、家電の松下の名を不動のものとした（『五十年略史』1968：282）。さらに、輸出も伸長した。一九五四年に五億円だった輸出額は一九五八年には三二億円にまで伸びた。一九五九年にはそれまであったニューヨーク出張所を改めてアメリカ松下電器を設立している。

専門細分化の原則に則って、製品群の拡大に伴い事業部も二〇事業部に増加した。拡大し細分化した企業体をより効果的に運営するために、幸之助は社長・副社長・専務による「三役合議制」を導入した。それは複雑化した経営業務の迅速化を意図したものだった。幸之助は、「今まで週に一回、本部長会議をやっていたのを月二回にし、その代わりに毎日午前九時三〇分から一時間、三役の合議を行ない、各部門からの相談に対して、即決で決定することにした」と、意思決定の迅速化を強調した（『五十年略史』1968：288-289）。

こうした状況を踏まえて、幸之助は正治新体制でも不安なく松下は成長を続けると見ていた。会長

となった幸之助は京都の真々庵《しんしんあん》を本拠地に再びＰＨＰ運動に力を入れていた。ところが、一九六四（昭和三九）年になると、オリンピック景気に沸く家電業界の中で一番儲かっていたはずの松下系販売会社と代理店の大半が赤字経営に転落していた事実が明らかになってきた。系列販売会社と代理店からは絶え間ない苦情が松下に押し寄せ、収拾のつかない状況になったのであった。松下電器の経営はこれまで外部経済の変化や戦争などによって大ピンチに見舞われたこともあった。しかし、今回の事態は傘下の販売会社や共に栄えようと手を取り合って進んできた代理店からの不満爆発であった。幸之助は自身の目でその事態を見極める必要があった。テレビ需要がひと段落したのは事実であったが、反動不況の影響が本格化するのは一九六四年一一月以降で、急増したこの赤字の原因は外部環境の変化だけにあるわけではない。彼は薄々変化の予兆を感じていたというが（加護野編著 2016：155-156）、まだその本質には気づいていなかったというのが真相だろう。

親の代から支援してきたのに

幸之助は、一九六四年七月九日からの三日間、熱海にできたばかりのニューフジヤホテルで「全国販売会社代理店社長懇談会」を開催した。世にいう「熱海会談」であった。販売会社・代理店約一七〇社から社長や経営幹部二〇〇名が集まった会合で、世間ではテレビニュースになるほどの大きな会合であった。

当初、幸之助にはこの事態をやや軽く見ていた節がある。好況の中で赤字が積み上がるなどというのは、そのやり方に問題があるに違いないと思っていたのだ。約二〇〇人の販売会社・代理店の社長・幹部たちを前に、当時得意としていた「血の小便をたれるまで努力をしましたか」というフレーズで厳しく問いかけたのである。自身の苦しい体験に比べて、販社社長たちはそれだけの努力をしたのかという問いかけである。通常であれば、幸之助の悪戦苦闘と輝かしい成功体験を前面に出されては、販社社長たちに勝ち目はない。幸之助も彼らが素直に自分たちを反省するものと見込んでいた。そして最後に、すでに用意していた「共存共栄」と揮毫した色紙を手渡して、盛会のうちに会議は終わるものと目論んでいたのである。

ところが、販社社長や幹部たちの不満は一向に収まらない。幸之助は延べ一三時間壇上に立ち続けて彼らの声に耳を傾けた。それでも、収まるどころか、不満の声は日増しに強まっていったのである。この激しい不満の裏には、「親の代から松下製品だけ扱ってきたのに、ちょっとも儲からんどころか損が出よる。どないしてくれるんや」という思いがあった。同時に、すでに何度も申告所得日本一になり、まさに「今太閤」になった幸之助に対する「驚き、羨望、そして妬み、失望」という合理性だけでは判断できない感情があった（裕 1995：69-75）。さらにいえば、肥大化した松下電器の官僚主義

熱海ニューフジヤホテル

全国販売会社代理店社長懇談会（熱海会談）

的な本社機構に対する不満と不信感もあった。

もうひとつ、事業部制組織・営業所体制の弊害があった。各事業部は自分たちの商品を調整することなく営業所に割り当て、営業所はそれをそのまま販社や代理店に割り当てていく。結果として、販社・代理店も自分たちの販売力をはるかに超える量を在庫として抱え込んでいった。実は、こうした事態を幸之助は一九六四年の六月に起こった新潟大地震の時に薄々感づいていた。新潟で被災した営業所の在庫額が大き過ぎると感じていたのである（加護野編著 2016：155；松下 1974：78-81）。商品の仕入れがきわめて官僚的・機械的になって、肥大化していたのである。

結局、熱海会談とは、経営現場から離れていってしまった幸之助に対する合理性では説明できない「情の不満」と、事業部制組織・販売組織から生まれた構造的過剰在庫に対する「理の不満」が爆発した場だったのである。

三日間にわたって生の声を聞いた幸之助はその本質を見抜い

た。その後の俊敏な行動を見ると、彼が伊達や酔狂で経営の神様といわれた訳ではないことが分かる。まず、「情の不満」にはひたすら謝った。会議の最終日に彼は涙ながらに「結局は松下が悪かったのです。皆さん方へのお世話の仕方が不十分でした。不況を切り抜けられなかったのは、松下電器の落ち度です」「今日、松下電器があるのは、皆様方のお陰です。心を入れ替えて出直すことをお約束します」と深々と頭を下げて謝った。まさに、情から出た不満に対しては、情を込めて謝ったのである。参加した販社の社長たちはその幸之助の姿に感極まった。相当頭にきていた社長でさえも、「幸之助さんは芝居がうまいんや。芝居と分かっていてるのに、こちらも泣かされてしもたわ」、と述べたという（硲 1995：77）。幸之助の陳謝の後に配られた「共存共栄」の色紙は、事前に用意していた時とはまったく違ったニュアンスをもって受け取られた。彼らは自分たちが育てた松下幸之助と松下電器が戻ってきたと感じたのである。

「理の不満」すなわち事業部制・営業所体制の構造的問題については、会談直後の八月一日付で、病床にあった営業本部長の代行として、幸之助が現役に復帰し、販売改革の先陣を切った。約半年間営業所長会議を繰り返し、彼らの知恵を集めて対策を講じさせ、新販売体制の選択を宣言した。新販売体制の基本は、①販売会社のさらなる設立を促進し、②事業部は営業所を経ずに販売会社に直接販売する「事業部直販制」を導入、③月賦販売会社の月賦販売を各販売会社に移管し、月賦会社は債権回収に特化する、であった。すなわち、全国に販売会社を設立し、各販売会社がそれぞれの地域で自

熱海会談記念撮影

主的に販売活動に従事できるようにした。また、営業所や月賦販売会社は、販売会社の支援活動に特化し、販売会社の収益向上と経営安定化を促進する補助体制に改めたのであった（『五十年略史』1968：336）。

さらに、松下の営業所の経費削減によって販売会社・代理店・小売店の利幅を厚くすることで彼らの黒字化を推進した。「松下の商いは三割減るだろう。二年間は利益が上がってこない。年間一五〇億円の利益があるものならば、二年間で三〇〇億円、それぐらいは捨てよう。それで済んだら安いもんや」と腹を括ったという（加護野編著 2016：158）。この不退転の決意と率先垂範の行動力が販売会社・代理店はもちろん多くの人の心を打った。

一方、幸之助は各事業部にヒット商品の継続的開発を促した。一九六五年の四月に「黄金シリーズ」型カラーテレビ、家具調ステレオ「飛鳥」「宴」、トランジスターラジオ「パナペット7」「パナソニック8」、「強力ハイクリーン」掃除機、六月には、洗濯機「フルラインW」、完全自動洗濯機「フルオート」、九型テレビ「スピッツ」、七月には圧力式自動炊飯器、家具調テレビ「嵯峨」、家具調冷蔵庫「スペシャルオーダー」などの新製品を集中的に発表し、販売会社の売上げを支援した。

幸之助の迅速な組織改革とヒット商品開発にもかかわらず、一九六五（昭和四〇）年の証券不況下では販売の好転は表面化しなかった。しかし一九六六年になると、販売会社・代理店は次々と黒字転換を果たし、松下電器自身の一一月期決算も、売上高二五六五億円、経常利益は二八七億円という史上最高益を叩き出したのだった。

ただし、この鮮やかな復活劇と業績の回復の陰にあまり語られない大きな傷があった。社長となっていた松下正治の面子である。幸之助の手腕が鮮やかであればあるほど、正治の存在感は希薄となった。表立って誰も口にしなかったが、「社長は頼りにはならない」というメッセージが広がったのである。岩瀬達哉は、「本来なら、社長である松下正治が先頭に立つべきが、六九歳の幸之助が、老骨に鞭うち、営業本部長代行として現場に復帰したからだ。この事実は、松下電器はあくまでも幸之助の〝個人企業〟であることを世に知らしめた」と鋭く指摘している。（岩瀬 2014：301）。

2　国際的企業への転身

手本はアメリカ企業

国内販売の問題を先頭に立って解決した幸之助にとって、次なる課題は松下電器の国際化であった。松下電器はよくソニーと比べられて、垢抜けない家族主義的経営、あるいは独創性よりも「マネシタ」といった負のイメージが植えつけられてきている。しかし、その実態は、ソニーよりもはるかに組織と制度の近代化を真摯に追求していた企業であった。

コッターはこのイメージの差をソニーの創業コンビである井深大・盛田昭夫と、松下の創業コンビ松下幸之助・井植歳男の違いに求めている。井深と盛田は「裕福な環境で育ち、大学で科学の教育を受け」ていたのに対して、幸之助と井植は「高等教育など受けることのできない貧困の中で育ち」、丁稚から叩き上げた義兄弟であった。「井深は保守的な紳士で、優れた科学者であり、強い道徳心の持ち主だった。盛田は策士であり、セールスマン、広報マンだが国際感覚に優れていた。幸之助とは違って、彼は英語を流暢に話し、世界の富豪や有名人とも交流があった」（コッター 2008：199）。

外国人の目から見ても、松下とソニーとの間には明らかな企業イメージの差があった。松下はいかにも泥臭い。しかし、どちらの企業が経営的に先端を走っていたかというと、松下の方に軍配は上がる。幸之助は誰よりも松下の経営をアメリカ企業に負けないようにしようとしていた。それは、幸之助が「素直」だったからである。初めての渡米以来、彼は米国企業の底力を認め、そこから素直に学ぼうとし続けた。

週休二日制・高賃金の導入

一九六〇年、すでに幸之助は週休二日制を五年計画で採用することを発表していた。そして、五年後の一九六五年四月に計画通り、日本の大手企業としては初めて週休二日制を導入した。六五年は「証券不況」と呼ばれた深刻な景気後退期であったにもかかわらず、幸之助は敢えて週休二日・週四〇時間労働を導入した。現在になって彼の一連の「労働と賃金」に関する改革を振り返ると、幸之助がいかに松下電器の経営を国際的水準、というかアメリカ水準に引き上げるかを真剣に考えていたかということが分かる。もちろん、この改革を無謀とする意見も多かった。彼はこの点について松下幹部たちに次のように述べている（『五十年略史』1968：344）。

なんらの進歩なしに、ただ週二日休めば、それだけコストが上がり、コストが上がれば物価も上がる。これでは、会社の成績は上がらないし、世の模範ともならない。
会社のためにも、個人のためにもならないものは、断固として排することが大事だと思う。しかし五日制は、決してそんなものではない。一番早く五日制に踏み切ったアメリカが繁栄していることを考えると、週二日休みというものは、基本的には間違っていないと思う。

アメリカでは週休二日制にもかかわらず、大きな成果があがっている。要は社員の素養と生産性の向上なのだと。したがって、彼は従業員が休みを無駄にしないように、一九六四年に建設された教育訓練施設を休日に開放して、従業員のための趣味・教養講座を開講した。さらに、定年を五五歳から五八歳に延長し、退職金の増額、退職後年金の充実も図った。画期的であったのは、一九六六年にはそれまでの年功序列制から脱却する「仕事別賃金制」を、労働組合と完全合意のもとで制定したことである。

松下電器は年功序列制のイメージが強いが、幸之助は渡米以来、適材適所・高賃金・高生産性を理想とし、一貫して年功序列ではなく実力主義の経営を追求していた。幸之助は従業員をもっとも重要な資産と認識し、彼らを大事にしていた。だからといって、年功序列制を支持したわけではない。こうした彼の先進性が世の中のイメージとして定着していないとしたら、それは後述する幸之助晩年の振る舞い、後の経営者たちの情報発信、そしてわれわれ史実を検証する経営史家の責任である。

賃金でアメリカに追いつけ

幸之助にとって、松下電器の国際化の目標はあくまでアメリカ、アメリカを基準にした国際化であった。一九六七年一月の経営方針発表会では、三つのスローガンを掲げた。

「全員経営で世界の優良会社に！」

「創意工夫で生産性の倍増を！」
「技術力で独創的新製品の開発を！」

彼はいう、「五年先に、他との調和を失することなく、松下電器の経営を、松下電器の賃金を、欧州をはるかに抜いて、アメリカに近づけるというふうに持っていきたい」と。

『タイム』誌の表紙を飾る（昭和37年）

この賃金五カ年計画は、一九七一年に平均年収一二九万六〇〇〇円を達成してほぼアメリカの平均値に並んだ。これは、日本の全電気製品メーカー従業員の平均年収八七万四〇〇〇円に対して一・五倍近くであり、松下の従業員は週休二日制と賃金水準において、日本の労働者の憧れの的になった（コッター 2008：209–217）。幸之助が初めての渡米から帰国した時に描いた、「高賃金・高生産性」が実現されつつあったのである。この先進性がイメージとしても実態としても認識されていないのは残念なことである。

こうした中で、一九六二年アメリカの『タイム』誌は日本でもっとも成功した産業人として松下幸之助を特集し、彼の似顔絵がその表紙を飾った。日本のビジネスマンとしては初めてのことであり、幸之助の到達したひとつの金字塔である。

コンピュータ事業からの撤退

会長になった幸之助はもうひとつ彼にしかできない決断をしている。熱海会談から三カ月後の一九六四（昭和三九）年一〇月、五年越しで研究を続けていたコンピュータからの撤退であった。

一九六〇年代になると、コンピュータが二〇世紀および二一世紀にわたってもっとも重要な産業になることは明らかとなった。通商産業（通産）省も日本の大型汎用コンピュータ産業を育成するためにさまざまな方策を採っていた。そのもっとも成功した事例のひとつが、日本電子計算機株式会社（Japan Electronic Computer Corporation = JECC）の設立である。同社は、日本各社のコンピュータを買い上げ、ユーザーに対してレンタル・リースを行う通産省主導の半官半民のレンタル・リース企業であった。ＩＢＭの強さの秘密は、その技術力にもあったが、豊富な資金力を武器にレンタル・リース方式による販売力にあった。

レンタル・リースによる販売方式は、顧客にとっては初期投資が少なく、しかも製品が陳腐化してもすぐに商品変更できるという優れた仕組みであった。しかし、コンピュータ・メーカーにとっては資金の回収が長期にわたるため、開発投資が継続的に必要な弱小資本企業ではなかなか採用できない方式であった。ＩＢＭはそれまでに蓄積した潤沢な資金をベースにレンタル・リース方式を採用し、世界市場で占有率をどんどん高めていた。通産省は日の丸コンピュータ企業を守るため、日本開発銀行からの低利融資をベースに民間企業と共同出資で資本金一〇億五〇〇〇万円の日本電子計算機株式会社を一九六一年設立した。当初出資に応じたのは、富士通、ＮＥＣ、日立製作所、沖電気工業、三菱電機、東芝、松下通信工業であった。ＪＥＣＣは民間企業の競争と協調を巧みに利用した産業政策として大きく評価されている（Anchordoguy 1989）。

この段階から出資していたことからみても、松下電器は大型汎用コンピュータ事業には当初から乗り気だったのである。しかし、一九六四年一〇月幸之助はコンピュータ事業からの撤退を決断した。すでに、十数億円の投資と五年にわたる研究開発時間をかけてきた重点事業の中止だった。決断の真相は、当時アメリカのチェース・マンハッタン銀行の副頭取が来日し、幸之助と会談した時に、「私の銀行は世界中にお金を貸していますが、電算機メーカーは、ほとんどどこも経営がうまくいっていない」という話を聞かされたからといわれている。確かに、アメリカでもＩＢＭとＩＢＭ以外のコンピュータ企業は「白雪姫と七人の小人」といわれたように、ほとんどが小人状況であった。しかも、一九六四年はＩＢＭが最強のコンピュータであるといわれたシステム３６０を発売した年であり、ＩＢＭのさらなる優位性が確立した年でもあった。なお、この背景には熱海会談ののちに設立したナショナル月賦販売会社の資本金三〇億円がどうしても必要だったため、という解釈もある（岩瀬 2014：

299–300）。

当時、この決断は幸之助の最大の判断ミスといわれた。確かに産業社会の未来を見れば、コンピュータ技術開発は決して避けて通れない事業であった。とくにＪＥＣＣや超大型半導体（ＶＬＳＩ）開発において、日本企業が一定の成果をあげていた七〇年代までは松下の撤退は厳しく批判されていた。しかし、今となってみれば、幸之助の決断のほうが正解であったというほうが正しいであろう。コンピュータは重要だったが、汎用機開発が重要であったわけではない。

3　成功体験のほころび

松下・ダイエー三〇年戦争

一九六〇年代後半になると、時代が大きく変わりはじめた。まず、高度経済成長による国民所得の増大を契機に、総合スーパーマーケット（ＧＭＳ）など豊かな社会における新しい小売業が出現した。一方で、過度な成長重視に対する疑問、公害や拝金主義の横行に対する批判、消費者運動の高まり、学生運動の高揚など反成長主義を掲げる諸運動が台頭した。これまでの成長一辺倒の事業環境に大きな変化が生まれたのである。

熱海会談後に営業本部長代行として現場復帰した幸之助が強力に推し進めたのは、販売会社・代理店の利幅を厚くして彼らの利益率を上げることであった。この結果、販社・代理店は黒字転換し、松下との共存共栄は達成された。同時に、幸之助にはメーカーが研究開発・再生産を継続できるための適正価格をメーカーが決めるという強い信念と成功体験があった。

この二つの成功体験を突き詰めると、松下電器も販売会社・代理店も厚い利益を上げられるということになる。ということは、この負担を被るのは消費者ということであった。しかし、幸之助は絶えざる値下げで消費者には長期的に還元できると考えた。

この考え方に真っ向から異を唱えたのが、兵庫に生まれた中内㓛率いる「主婦の店ダイエー」であった。中内は流通経路を簡素化し、大量購入・大量販売をベースにした総合スーパーマーケットという新しいビジネスモデルを日本に持ち込んだ。このモデルの下では、価格決定権は消費者の代弁者たる量販店にあり、中内も「価格決定権を消費者に取り戻す」ことを経営方針に掲げていた。これは幸之助の価格理論に真っ向から対立するものであり、彼にとっては到底受け入れることのできない考え方であった。しかも、ダイエーの攻勢は一九六四年の熱海会談と時期を同じにして起こった。松下が販売会社や代理店に値引き範囲と認めていた一五パーセントを上回る二〇パーセント引きでダイエーが松下製品を売り出したのである。せっかく販売会社・代理店との共存共栄を掲げて、流通体制を立て直そうとした矢先であった。幸之助は、彼らを守るためにダイエーへの出荷を差し止めた。これに対して、ダイエーは独占禁止法に当たるとして公正取引委員会に訴え出たのである。

さらに、東京オリンピックの余韻が残る中、日本中はカラーテレビ・ブームに沸いていた。一九六八年四月からＮＨＫはラジオ契約を廃止し、カラー契約に切り替え、カラー放送を大幅に増強することを発表した。これに対応するようにメーカー各社も、それぞれの受信技術を前面に出したネーミングのカラーテレビを投入した。松下は「パナカラー」、日立は「キドカラー」、ソニーの「トリニトロン」、三洋電機の「サンカラー」、東芝の「ユニカラー」などなどである。当時日本に出現したカラーテレビの技術水準は高く、日本国内ばかりか世界中のカラーテレビ需要を大いに喚起するものであった。

カラーテレビカーを視察する幸之助（昭和35年）

松下をはじめとする日本メーカーは強い国内需要を背景に、国内では一〇万円以上の価格維持を図り、海外輸出とくに対アメリカ輸出では一〇万円を切る価格で激しい攻勢をかけていた。これに対して、一九六六年末に、公正取引委員会が、当時の家電六社（松下、日立、東芝、三菱、三洋、シャープ）によるテレビ販売の価格協定に破棄勧告を行い、各社はそれにしたがった。またその翌年に、同委員会は松下とソニーの間に「再販売価格維持＝ヤミ再販」協定があることを指摘し、その破棄を求めた。ソニーはそれに応じたが、松下は正治社長を筆頭に五人の弁護団をたてて徹底抗戦に入った。幸之助の共存共栄の理念からいって易々と承諾できない案件だったのである。

三年間の争いになったが、一九七〇年一〇月に下された決定は松下の有罪であった。それでも、幸之助はまだ争う姿勢を見せた。幸之助には彼の持論、「生産者は即消費者であり、消費者は即生産者」という原則がある。すなわち、ある種の利益を生産者やその代理店にも確保しないと、消費者である松下社員も販売代理店や小売り社員たちも立ちいかなくなるという考えである。しかも、松下は市場が成熟するたびに価格を下げてきた。フォードのやり方を実践してきたのである。幸之助は納得がいかなかった。

そのうえ、アメリカにおける日本製カラーテレビのダンピング問題が発生した。アメリカ電子機械工業会が、日本のメーカーがアメリカ市場でカラーテレビのダンピングをしていると財務省に訴え出たのであった。

カラーテレビの不買運動

松下の不服従に加えて、カラーテレビの日米二重価格問題は全国消費者に大きな不信感をもたらした。人気の一九型カラーテレビの価格が、小売店と量販店では大きく違ううえに、アメリカで売られているものの方がはるかに安かったのである。全国地域婦人団体連絡協議会（地婦連）は、主婦連合会や日本生活協同組合連合会などの消費者五団体とともに、一九七〇年九月に松下電器を名指しして「全商品の不買運動」を起こした。この不買運動は翌一九七一年四月まで展開されたが、折からの景気後退と相まって松下に大きな打撃を与えた。松下では約五〇〇〇人の余剰人員が生まれ、半日操業などを余儀なくされた。テレビ生産をしていた松下電子工業ばかりかグループ内企業や下請け企業にも影響がおよび、社会的にも経済的にも幸之助と松下電器は苦境に陥ったのだった。

さらに、追い打ちをかけたのが「主婦の店ダイエー」が、消費者の不満を背景に、現在でいうPB（プライベート・ブランド）商品として一三型カラーテレビを開発し、一九七〇年一一月に「BUBU」を五万九八〇〇円で売り出したことであった。カラーテレビはこんなに安く生産できるということに世間は驚いた。これは松下とダイエーとの関係に決定的な亀裂を生んだ。松下の価格はカラーテレビ生産だけでなく、あらゆる家電製品の研究開発費や相互補塡費用を含んでいたからである。このフルライン戦略が維持できなければ、幸之助が苦心して築いた全国販売ネットワークにも大きな打撃を与えることとなった。

しかし、一九七〇年一〇月に、幸之助は低姿勢に徹することとなる。白いエプロンにおしゃもじを抱えた主婦たちの怒りに直面して、幸之助は「非は松下にあって、世間は正しい」と自らを戒める態度へと方向転換したのだった。初代アメリカPHP研究所長などを務め、長らく幸之助の薫陶《くんとう》を受けた松岡紀雄は、ボイコット運動が宣言された日の幸之助を次のように振り返っている（松岡 2017：58）。

君な、婦人団体の会長や副会長が言うてると思ったら、商売の基本も分かっていないと腹立つわな。でも、違うで、あれは神様が、あの人たちの口を借りて僕や松下電器に注意してくれはると思ったら腹立てるわけにはいかんわな。僕もよう考えてみるわ。

一九七一年一月の経営方針発表会では、「不服、怒りを一切打ち捨て、反省に徹し、感謝の念を深く持とう。松下はトップメーカーではなく、新規開業したメーカーであるとの気構えを持とう」と心機一転まき直しを宣言している。一九七三年に発刊された『商売心得帖』（PHP研究所）の第一頁も、「世間は正しい」という文章から始まっている。よほどこたえたのだろう。

ただし、幸之助も転んでもただでは起きない。主婦連たちが要求した、「メーカー小売価格を廃止」しただけでなく、新しく発売したカラーテレビは現行よりも一五パーセント安く売り出す工夫を凝らし、騒動前よりも高い市場シェア四〇パーセントを叩き出したのであった。

二つの正義

一九七五（昭和五〇）年、松下＝ダイエー戦争が始まって一〇年目に幸之助は中内功をPHP研究所のある京都の真々庵に招き、「覇道をやめて、王道に歩むこと」を論したが、中内は納得しなかった。幸之助の「生産者とその代理店を中心とした考え方」が、中内にとって「王道」とはどうしても思えなかったのである。もちろん、幸之助にも「メーカーに価格決定権はない」という中内の考え方など理解しようがなかった。正価販売があってはじめて多くの大衆に素晴らしい商品を届け続けることができ、生産者と販売者そして消費者の三位一体の繁栄が築けるというのが幸之助の信念だった。中内にも、「価格決定権は消費者にあって、メーカーが指図すべきものではない」という強い信念があった。両者ともに、経験に裏づけられた経営哲学に根ざした「正義」を掲げた戦争であった。しかし、この対立に対して公取委も世間も中内㓛に軍配をあげた。

幸之助の「共存共栄」という成功体験は時代の変化の中でほつれが生じ始めていた。しかも、幸之助が創り上げた大衆消費社会、中でも幸之助がもっとも大切にしてきた主婦層から「NO」を突きつけられたのだから大きな痛手だった。

強みが弱みに

厄介だったのは、ダイエーの考え方を受け入れてしまうと、幸之助たちが必死に築いてきた「ナショナルショップ」という全国組織の崩壊につながる危険性があったことである。幸之助が公正取引委員会の勧告を長らく拒否してきたのは強欲からではない。それが全国に苦心して整備した数万店のナショナルショップの意味を打ち消してしまうからであった。幸之助は全国販売網を整備したのちに、幹部たちにこういうのが口癖になった。「お前たちは、売れた売れたと言うけれど、そもそも一店舗のナショナルショップが十個買うてくれたら、全国で五十万個売れる仕掛けを作ってあるのや」と（岩瀬 2014：301）。すなわち、隈なく配置されたこのナショナルショップに商品を流せば、しっかりと売上げが立つというのが松下の競争優位の源泉だった。しかし、量販店が特定の商品に限って大量に購入し、安売りを仕掛ければナショナルショップは立ちいかない。しかも売れ筋の商品だけを狙ってくる。幸之助が想定していた一〇個程度の物量ではとても叶わない。

強い組織を守るには、消費者の利益を損なうことになるという絶対的ジレンマがナショナルショップには発生したのである。

この価格主導権をめぐるダイエーとの戦いが和解に向かうのは、三〇年後の一九九四年、幸之助没後であり、ダイエーが松下と取引のあった忠実屋を買収してのことであった。これほど長い時間がかかったのは、両者の主張がそれぞれの正義と経営戦略の根幹にかかわっていたからである。

豊かになることは多様性を認めること

さらに、幸之助の成功体験が裏目に出てきたのは、豊かさと多様性の関係であった。命知元年（一九三二年）以来、幸之助の夢は「生産に次ぐ生産、消費に次ぐ消費」を通じて豊かな社会を建設することであった。二灯用ソケット、電池式自転車ランプ、ラジオ、電気洗濯機、電気冷蔵庫、カラーテレビなどを量産することによって松下電器は豊かな社会を築いてきた。そして、一九六〇年代の高度経済成長を通じて日本は確かに豊かになった。多くの社会経済史が証明してきたように、豊かな社会になればなるほど価値観は多様化し、人々は個性を求める。皮肉なことに、その豊かな社会を創り出したのは往々にして単一商品の大量生産・大量販売なのである。

幸之助が尊敬して止まなかったヘンリー・フォードも同じ運命を辿った。モデルTはまさにフォードの最高傑作であった。このモデルTを安価で大量に生産するために、フォードはベルトコンベアーを利用した流れ作業を考案し、安くするために車色も黒一色とした。「顧客はどんな色でも買える、それが黒である限りは」、彼の残した名言のひとつである。しかも、フォードは従業員に当時の相場の倍以上の日給五ドルを支払い、「私の従業員は私の車を造るだけではない、私の車を買うのだ」と豊かな大衆消費社会を牽引した。高賃金・高生産性による豊かなアメリカ。それが確実となった一九二〇年代にフォードが直面したのは成功体験からの叛逆だった。豊かさの中で、大衆は黒一色しか品揃えのないモデルTではなく、多品種を揃えたGMのフルラインを選んだのだった（米倉 1999：147-160）。

幸之助も同じ問題に直面した。一九六〇年代後半から、大衆はなにもかも松下製品で揃えなくてもよくなった。テレビは松下製でも、洗濯機はサンヨー、ステレオはソニーというように、多様化したライフスタイルを嗜好した。まさに、この時期に出現した大型量販店とは、多様な企業の商品をより安価に提供する仕組みだった。量販店はただ単に安売りの店ではなく、企業系列にとらわれない多様な選択肢を提供する企業体だったのである。

金太郎飴論争

さて、日本が豊かになるにつれて、多様性に対する希求は製品だけではなく、ライフスタイルや勤務形態にもおよんだ。幸之助と松下電器が直面したのは、企業体質に対する批判であった。火をつけたのは当時辛辣かつ時宜を得た評論で人気を博していた大宅壮一であった。大宅は一九五七年の『週刊朝日』で松下の社風を辛辣に評論した（岩瀬 2014：325）。

ここの全従業員は、毎朝、仕事にとりかかる前に整列して、軍人勅諭に似た、七精神なるものを斉唱し、夕方、業務請負を終えると社歌を斉唱している。こうして大学を出たものでも、ここに入って一年もたつと、インテリ性を完全に脱色して、申し分のない松下人、ナショナル教徒となる。

「ナショナル教徒」とは、確かに言い得て妙である。さらに、一九六〇年代になると大宅は、松下電器を「金太郎飴の集団」「宗教集団」と揶揄した。当然、松下の幹部は反発し、反論した。マスコミがこれを面白おかしく「金太郎飴論争」と名づけて対立を煽ったために、松下幹部たちはさまざまな場面で、「金太郎飴ではない、ということを縷々説明しだした」のだった。水野博之（一九五二年京都大学理学部物理学科を卒業後すぐに松下入社、その後松下電子取締役、松下電器副社長を歴任）は、ある幹部会で幸之助がいつになく怒ったと回想している。常日頃はおだやかな、人の意見を黙々と聞く幸之助が、怒りも露わに「金太郎飴でいいではないか！」と叱ったのである。水野は幸之助の心中を、そんな「儲け」にもならないことに熱を上げるなという思いと、ベクトルを合わせて力を発揮することになんら問題はないという思い、から解釈する。さらに、松下を象徴するのは幸之助一人であってそれ以外はない、という自負だったという（水野 1998：93-96）。

一九七〇年代、日本が豊かになればなるほど松下幸之助が創造した成功が逆に足を引っ張り始め、その成功の方法論までが古臭いイメージを生み出しはじめたのであった。

終　人間、あまりに人間的な……

華々しい実績と成功の裏で

一九七〇年代初頭の不買運動も、ニクソン大統領によるドルショックもなんとか乗り越えた松下電器は、一九七一年一二月にニューヨーク証券市場に上場した。大阪の小さな作業小屋からスタートした家内制手工業者が約五〇年の歳月をかけて成し遂げた画期的な出来事であった。

正治社長と高橋副社長を背後から支援しつつといいながらも、会長・相談役となった幸之助はまだ松下電器の重要な意思決定には存在感を示し続けた。さらに、ＰＨＰ活動にも本格的に力を入れはじめた。この活動の中で、幸之助はさらに「人間」や「宇宙」について深く考える方向へと向かった。一九七五年に『人間を考える』をＰＨＰ研究所から発行しているが、その書き出しが良いにせよ悪いにせよ幸之助の当時の心境を物語っている。その到達度を確認するために、ここに引用してみよう（松下 1975：まえがき）。

〝新しい人間観の提唱〟

宇宙に存在するすべてのものは、つねに生成し、たえず発展する。万物は日に新たであり、生成発展は自然の理法である。

人間には、この宇宙の動きに順応しつつ万部を支配する力が、その本性として与えられている。人間は、たえず生成発展する宇宙に君臨し、宇宙にひそむ偉大なる力を開発し、万物に与えられたるそれぞれの本質を見出しながら、これを生かし活用することによって、物心一如の真の繁栄を生み出すことができるのである。

かかる人間の特性は、自然の理法によって与えられた天命である。

この天命が与えられているために、人間は万物の王者となり、その支配者となる。すなわち人間はこの天命に基づいて善悪を判断し、是非を定め、一切のものの存在理由を明らかにする。そしてなにものもかかる人間の判断を否定することはできない。まことに人間は崇高にして偉大な存在である。

（中略）

長久なる人間の使命は、この天命を自覚実践することにある。この使命の意義を明らかにし、その達成を期さんがため、ここに新しい人間観を提唱するものである。

まるで宗教書あるいは哲学書のような出だしで、目次にも「宇宙というもの」「人間の天命とそれを生かす道」「衆知による日本の歩み」「人間観から人間道へ」「調和共栄をもたらすために」などなど、賑々しい言葉が並ぶ。確かに言っていることは正しいが、その言葉の裏になにか白々しさも漂うようになっていた。晩年の幸之助には、若い頃の艱難辛苦に翻弄されながらも、自分自身や経営の苦楽を見つめていった等身大の観察とは違い、なにか一般論的な説教が多くなる。

そのことを早々と指摘したのは、長年苦楽を共にし、戦後は好敵手となった義弟井植歳男だった。幸之助を名指ししているわけではないが、その真意は明らかである。長い引用になるが、これも引いておきたい（井植 1967：47-48）。

最近、私（井植＝米倉註）はある人から「現代の日本人に何を訴えたいか」と聞かれて、まったく返答に窮した。といって、何も現代の日本人をそのまま是認しているわけではない。言いたいこと、訴えたいことは、たくさんある。たくさんあるから、どれから訴えるべきかに迷ったというわけでも、これまたない。

私は、現代の日本人という不特定多数の集団に向かって、ものを言う態度を好まないのである。そういうことをすると、誰にでもわかってもらおう、誰からも拍手を得ようとする配慮が強くなって、いきおい、修飾語が多くなったり道徳的なお説教を並べるようになるのではないかと思われる。

それが気にくわないのである。気にくわないというよりおそろしいとさえ考える。というのは、そうした論文を読むたびに感ずることは、第一に筆者があたかも聖人君子のような立場に立ってしまっていること、第二に読者がその論文と現実の差に白々しい気持ちを抱き、かえって高い目標なり理想なりから目をそらすであろうことが予想されるからである。

晩年、華々しい実績と成功を得ながら、松下幸之助という人物に何か胡散臭いものを感じ取る人が多くなっていったのは、彼があまりに「経営の成功」を「普遍的な真理」にまで拡張し、聖人君子ばりの論調を張りすぎたことに一因がある。したがって、身近にいてそのすべてを見てきた人間ほど、一層の白々しさを感じ取ったのである。

しかし、幸之助がただ白々しく綺麗事を並べていたというわけではない。きわめて真剣・真摯に経営を考え、人間論、そして世直しに向き合っていたのも事実である。その証拠に、社会福祉・大学・博覧会への寄付など、幸之助が生涯を通じて私財を投じた慈善活動は五三〇億円以上といわれている。左記がその主だったものであるが、幸之助の本気度が分かる社会慈善活動である。

一九六〇年　金龍山浅草寺の雷門および大提灯の建設
一九六三年　神戸のカナディアン・アカデミーの体育館（現長峰中学体育館）建設費寄付

一九六四年　大阪駅前に子供の交通安全対策として横断歩道橋の建設資金の提供
一九六八年　児童の交通等災害防止対策資金五〇億円
一九七三年　社会福祉対策資金を全国の府県に五〇億円
一九七五年　マサチューセッツ工科大学設立資金の提供一〇〇万ドル
一九七七年　新潟県の国際大学設立資金の提供五億円
一九七八年　ペルーの日本人学校建設資金を寄贈
一九七九年　大学院レベルの私的教育機関、松下政経塾の設立七〇億円
一九八一年　ハーバード・ビジネススクールに寄付一〇〇万ドル
一九八一年　インドネシア経営教育センター設立二億円
一九八三年　国際科学技術財団の設立三一億円
一九八四年　アメリカに松下財団、イギリスに技術者養成パナソニック教育基金を設立
一九八五年　スタンフォード大学に一〇〇万ドル寄付
一九八七年　国際高等研究所の建設造成基金二・五億円
一九八八年　松下国際財団の設立五〇億円
一九八八年　松下幸之助花の万博記念財団の設立六〇億円

こうした社会慈善活動を中心に静かな老後を過ごしていれば、幸之助の生涯はより美しいものになったかもしれない。しかし、残念ながら幸之助の晩年は美醜の入り混じったものとなった。

会長引退と訓戒

一九七三年松下は創業五五周年を迎え、幸之助も数えで八〇歳となった。これを機に幸之助は会長職を引退し、相談役に退くことを決断した。後任の会長には副社長であった高橋荒太郎が昇格し、正治はそのまま社長に留まった。しかし、経営の行く末についてはよほど気がかりであったのだろう、幸之助は社長引退時よりもさらに詳細な訓戒を、「会長、社長」を名指しして残している。彼のその時の心情がよく分かるので、これもそのまま引用しておこう（加護野編著 2016：175-176）。

一、会長、社長は真に一体となって、会社業務全般を統御していくこと。

二、会長、社長は、確固たる経営の基本方針を遵守することに精励し、同時に、広く社会から寄せられる当社への要望と期待に正しく応えていくことに努力すること。

三、現業は専務又は常務どまりにすること。副社長は複数の分野を大所高所から担当する。会長、社長は、経営に関しては、重要かつ基本的な問題について指摘し指示するものとし、個々の業務に関する具体的指示をする必要のなくなることが望ましい。

四、会長、社長が、右の如き執務方針を励行しても、各担当者が報告し支持を仰ぐことも多いと思われる。その場合にも右に述べた方針を堅持する心構えをもって対処すること。
五、本年度の基本方針である「新生松下」発足の方針を強化していくこと。
六、会長、社長をはじめ現業重役諸氏は、社会のすべての人々を師表と仰ぎ、大事なお得意と考え、常に礼節を重んじ、謙虚な態度で接することに率先垂範すると同時に、全従業員にこの重要性を徹底すること。

この細々した訓戒に関しては、いろいろ解釈の仕方はあるだろう。善意に解釈すれば、「それほど心配だった」ということだが、悪くいえば、六〇歳の社長・正治、七〇歳の会長・荒太郎に対して、あまりに「子どもでもあるまいし」ということになる。これまで表面上は二人に経営を任せてきたとはいえ、やはり「任せて、任せず」が幸之助の経営だった。正治は、「俺はな、役員会で社長として話したのち、親父から後でそれを全否定されることが度々あった」と述べているし、幸之助も「熱海会談」をうまく仕切れなかったことや「あれこれの理由から」正治に不信感を抱いていた。会長から相談役に退くことを表明したとはいえ、松下電器の経営に関して手を離すことが心配だったのである。

事実、ビデオレコーダー（ＶＴＲ）の開発方針に関する重要な決定は、正治を差し置いて自ら下している。

ビデオの標準規格をめぐる戦い

テレビ番組を録画できるビデオ・カセット・レコーダー（VTR）は、カラーテレビに次ぐ大型商品と期待されていた。したがって、その標準規格をめぐってはソニー、日本ビクターそして松下電器がしのぎを削っていた。ソニーはベータ方式、松下電子はVX方式、子会社の日本ビクターはVHS方式を開発販売していた。もっとも企画化において先行していたのは画質に優れたベータ方式で、ソニーの盛田昭夫会長も積極的に標準規格としての採用をあちこちに売り込んでいた。幸之助自身も盛田の訪問を受け、ベータ方式グループへの加入を迫られた。その画質には幸之助の心も動いたが、やはり標準規格は松下の未来にとってかなり重要な意思決定となる。幸之助は即答を控えた。

その後、社内外の動向をつぶさに調べると、四国の松下寿電子の開発するVX方式と日本ビクターのVHSが並存して競合していることが理解された。一九七六年四月、幸之助はベータを含めた品評会を開催し、じっくり比較したうえで、自社VX方式ではなく、その品質からして日本ビクターのVHSを選択したのだった。社内予想を裏切って、松下電器はVHS連合の先頭に立った。こうして血で血を洗うといわれた「ベータ対VHS戦争」が勃発し、ソニー対松下の代理戦争が繰り広げられたのであった（この経緯に関しては、佐藤 1999 が詳しい）。

一九七七年の業界は、ベータ連合は「ソニー、東芝、三洋電機、日本電気」となり、VHS連合は「松下電器、日本ビクター、シャープ、三菱電機、日立製作所」という構図になった。先行したのはソ

VHSを手にとる幸之助（昭和59年，松下電子部品にて）

ニー率いるベータ連合であった。とくに、アメリカ最大のテレビメーカーであるゼニス・エレクトロニクスがソニーとの全面提携を発表すると、ベータ連合の優位性が明確になった。VHS連合にとって最後の望みは米国二位の座を占めていたRCAだった。もしこれで、RCAがベータ連合に加われば、VHS連合は最大市場アメリカを失うだけでなく、瓦解する可能性さえあった。VHSの強みは一時間録画のベータに対して二時間録画が可能なことだった。

当時のRCAはビデオディスクの開発に資源集中をしており、VTRは日本メーカーに生産委託（OEM）する方向にあった。何としても、RCAをVHS連合に引き込まなければならない。その任に当たったのは当時社長の正治だった。ところが、正治社長・稲井隆義副社長一行が羽田を発つその日に、ソニーはゼニスに提供するベータ方式を「二時間録画を標準とする」ことをプレスリリースしたのだった。正治社長一行はＲＣＡ社長・エドガー・グリフィスを訪ね、ＶＨＳの二時間録画を強調したうえで、参加を要請する予定であった。ソニーのプレスリリースは、正治一行の目論見を打ち砕くものであった。

ニューヨークで会見したグリフィス社長は、すでにソニーの訪問を受けており、ベータ方式で二時間録画ができるならばＶＨＳ方式には決定的な差別化要因がないと指摘した。しかも、ソニーの一三〇〇ドルに対して、最終的には半値の六五〇ドル、しかし当初は一〇〇〇ドルという価格設定を要求したのだった。初日の会談は結論を得ぬまま終了し、正治社長・稲井副社長らはＲＣＡのＶＩＰ食堂で、同行の菅谷汎中央研究所部長をはじめとする若手技術者は幹部食堂で昼食をとった。そこで菅谷は、米国人ＶＴＲの使い方で最も重要なのは「アメリカン・フットボール」の録画だということをＲＣＡの技術者から聞いた。フットボールの試合は三時間以上かかることがあり、「四時間録画が可能な商品」があればアメリカ人は喜ぶだろう、と。

ソニーの二時間録画はもともと一時間録画のものをテープ速度を落として実現したものである。菅谷はＶＨＳの二時間録画を同じ方法で四時間録画にすることができないかと考えたのであった。このプロセスをずっと取材してきた日経新聞編集局長・佐藤正明は、この菅谷の着眼を「ひょうたんから駒」と呼んだ（佐藤 1999：284-292）。

菅谷はすぐに松下技研社長・城阪俊吉に国際電話をして、この可能性について打診すると、数日後に「絵が出ないことはない」という曖昧な返事をもらった。ここで正治はいつになく大胆な決定をする。ＲＣＡ側に「松下電器は四時間録画の開発をしている」と宣言することだった。この提案にＲＣＡは乗り気になった。

帰国後、松下は日本ビクターに黙ったまま、四時間録画に取り組むことになる。松下技術陣は当然この難題解決には、「一年以上はかかります」と難色を示していた。しかし、ＲＣＡに宣言してしまった手前、松下に後退はありえない。とくに副社長の稲井は研究陣を叱咤激励し、これまた奇跡的に四時間録画を二カ月半で解決した。この経緯を詳細に述べている岩瀬達哉はこの瞬間を、「ビデオ戦争で松下が勝利した瞬間」と表現している（岩瀬 2014：337-354）。

さらに、幸之助はこの一〇〇〇ドル（工場出荷段階では五〇〇ドル）という価格づけに重要な役割を果たした。正治の報告を受けて幸之助は、「五〇〇ドルというのはきつい数字やな。しかしそれで出さんと、この話はまとまらんのやろ。そんなら半導体をぎょうさん使うて、少しでもコストを下げるんやな。わしからも電子の三由に頼んでみる」と述べた（佐藤 1999：295-296）。幸之助は正治の大博打を援護しながら、半導体の大量利用を勧めたのである。三由とは三由清二松下電子社長で、幸之助がフィリップスとの合弁会社松下電子工業を設立した時に送り込んだ右腕である。この頃、正治と幸之助の間にはなにやら不協和音が立っていたと噂されるが、この正治の決断には幸之助も評価を下し、支えていたのである。

こうして、VHS連合は四時間録画で低価格を武器にベータ連合の優位性を覆し、日米市場の覇者となったのだった。そして、一九八五年には松下電器総売上高三兆四〇〇〇億円のうち約八〇〇〇億円を占める大型商品になったのである。これは正治の初めての成功体験だったかもしれない。

後継社長山下改革と晩年の幸之助

VHS採用と並んで幸之助の決断は一九七七年二月の社長人事であった。松下正治の後継社長として松下現役役員二六人中の序列二五番目、すなわち下から二番目の山下俊彦（当時五七歳）を突然社長に抜擢したのである。山下は若いだけでなく、大学も出ていなかった。幸之助は、「山下が大卒でないことは決断するまで知らなかった」と述べ、彼の抜擢は出向先での経営再建、エアコン事業部の確立、マレーシア工場の建設などの実績と意思決定の速さが、決め手だったと語る（『財界』1977：19-23）。

この人事を誰が主導したのかについては、諸説ある。これだけの大抜擢だから当然幸之助が主導したという見方がある一方、松下電器役員会の高齢化を危惧した正治が高橋荒太郎を引退させて後任につき、山下を大抜擢したという説もある。

高橋荒太郎は、この点について「世間では誰が山下社長の名前を挙げたのかと、いろいろ興味をもたれ、また取りざたされもされているようだが、山下社長を選ぶにあたっては、相談役、正治会長、それと私の考えがピタリと一致した」と述べる（高橋 1979：16）。高橋は山下が最初の功績を示したウエスト電気再建に山下を登用する人事を担当しており、彼が一番山下について知っていた可能性がある。

一方、幸之助の語る話はまったく異なっている。この人事の経緯は「高橋君、この頃、健康をちょっと悪くした」ことから、彼が引退して正治が会長にならざるをなくなった。そこで、幸之助は荒太郎と正治を呼んで、次期社長候補を話し合うことになった。「意中の人があってもなかなかそう簡単に口には出しません。それで僕が山下の名前をあげて、こう思うがどうやろうというたら、それはよろしいな、とすぐきた。思っとったんやな、彼らも」（『財界』1977：20）と、自分が山下の名前を挙げたと説明している。

ところが、正治の証言はまったく異なる（松下正治 1989：107）。

> これはオヤジと二人だけでそういう話をしたわけですよ。そのときに、私はだれか社長になってもらう条件として、何年かやってもらわなきゃいかんから、年もまだ若いということがまず第一。そのほかに人格、識見とか、力量というのがありますわね。そういういろんな点を考えて、取締役の席次はまだ下だし、たくさん先輩がいるけども、山下くんという人がいますと。この人が私は最適な人だと思います、こういうことを言ったわけですね。

近年ＰＨＰ研究所創立七〇周年を記念して出版された加護野編著『日本の企業家シリーズ第２巻

松下幸之助』は、豊富な資料を基に、日本を代表する研究者とPHP研究所の優秀なスタッフが編著した正伝ともいえる書物である。そこでは、「三者（幸之助・正治・高橋）のいずれもが山下に任せることで一致した人事」であったと記されている（加護野編著 2016：178）。しかし、三者の証言がこれだけ異なる背景については、残念なことに言及はない。

一方、幸之助と同郷で、毎日新聞記者として長く幸之助を取材し、著作の出版さえも手伝ってきたジャーナリスト硲宗夫の『悲しい目をした男　松下幸之助』では、「山下を発見したのは幸之助と社外重役の中山素平（元日本興業銀行頭取）」と記されている（硲 1995：197）。山下は末席取締役でありながら、役員会でズバズバ発言するダイナミックな存在だった。大企業病にかかった松下電器を立て直すために、幸之助は水戸黄門ばりに「神様権」を行使して、この異例の抜擢人事を断行したことになっている。当初、山下は頑なに固辞したが、外堀をうまく埋められ社長に就任した。ところが、就任すると山下は幸之助の意に反して、「高齢化した役員」の退職を促し、「やり過ぎ」だという批判を物ともせずに若返りを次々と進めた。バッサバッサと役員解任を推し進める山下は、次第に大企業病にかかった同社の真の病巣が実は幸之助の会社の私物化にあるということに気づいていく。したがって、彼も一〇年の任期を待たずして退任させられたのではないかと、硲は推察している（硲 1995：195）。

その私物化の真相に迫ったのが、詳細な文献および取材調査を重ねた岩瀬達哉の力作『血族の王――松下幸之助とナショナルの世紀』である。彼もまた幸之助と同郷のジャーナリストで、幸之助の正伝を描くことを「運命づけられている」と予感した作者である。この中で、晩年における幸之助の執着は「孫・松下正幸」の社長継承に関するすさまじい執念であり、これが山下が踏みそうになった「虎の尾」だったことに迫っている。山下のバックには正治もいたという。何年にもわたって傀儡社長を務めてきた正治にとっても、幸之助はすでに老害と化していた。確かに、一九八二年一月の経営方針発表会の幸之助八七歳の行動と発言は異様であった。通常であれば、社長、会長、相談役の順番であるものが、「今日はいうべきことを言わなならん」と異例の冒頭発言を求めたのだった。晩年の幸之助は加齢のために声帯が老化し、ほとんど声が出なくなっていたのである。それでも、そのしゃがれ声に打ち勝つように幸之助は一大演説をぶった（岩瀬 2014：344）。

松下電器の人は、二十歳の社員でも、五十歳の部長さんでも、また重役さんでも、切ればみな金太郎飴ということで一世を風靡したわけです。しかし最近はそうではありません。最近は、相談役を批判したり、高橋くんを批判したり、また古い幹部を批判したり。それはもう旧式やと。いつまでたっても、そんなこと言うてたらあかんと。時代はどんどん進んでると、こういうふうに言うて、松下電器がみな、各バラバラに仕事をしているという傾向があります。しかし、これはいかん。時代が変わっても真理に変わりがありません。ですから、みなさんが自らを信じて、確固たる経営方針を堅持して、松下精神を発揮せんことには、自らを低くする。自らを卑しめるということになると思うんです。それは同時に、松下電器三十万人の活力を減退させることになる。単なる小さな知恵、才覚で全体を批判したり、過去を批判することは断じていけない。許されないことだ。

通常三〇分の予定が一時間四五分を超え、山下体制への鋭い批判となっている。山下は就任三年間で、二八人の重役陣の半数を入れ替えた。とくに、幸之助の子飼いとして松下の成長を支えてきた谷村博蔵、中川懐春、東国徳、稲井隆義の明治生まれの四副社長は、三年目に姿を消した。就任六年目では、幸之助直々の薫陶を受けた樋野正二副社長、佐伯廣志専務、尾崎和三郎取締役も退任させられている。幸之助の異例の行動は、この急激な若返り人事に怒りが爆発したものだったという。孫である正幸の社長就任への後ろ盾が、次々と排除されていったからである。

いまとなっては、ことの真相は藪の中である。しかし、これだけ重要な社長人事に三者の見解がこれほど異なるのには、なにかの事情があったと推測しても不思議はない。ただ、ここで強調しておきたいのは、この段階で幸之助の松下電器への影響力はすでに大きく減退していたことである。しかし、彼はそれに素直に従うことができなかったように見える。そして、そこがまた人間松下幸之助だったのである。

さて、業績という点では山下社長には非の打ち所が無かった。ＶＨＳの快進撃によって、一九八一年一一月期の売上げは前年比一六パーセントアップの約二兆一八三億円、利益でも一七パーセントアップの一三八五億円を計上していた。

一九八六年、山下は約束の一〇年を前に、松下電器の躍進を支えたビデオ事業本部長であった谷井昭雄に社長の座を譲って引退した。そして、この谷井社長時代に日本経済はバブルに突入し、バブルとバブル崩壊の中で松下は数々の不祥事やスキャンダルに見舞われることとなった。その病巣のいくつかはすでに幸之助の晩年に蓄積されていたものだったが、その点について、もう本書には触れる余裕がない。

無数の無名の力と幸之助

一九八九年四月二七日午前一〇時六分に幸之助は気管支肺炎のため、松下記念病院（守口市）において死去した。享年九四歳であった。死亡時遺産総額は約二四五〇億円で、日本で最高とされている。相続税額も八五四億円。幸之助の遺産の九七パーセント以上が当時の松下グループ株であった。相続したのは、妻・むめの、娘・幸子、娘婿・正治、そして認知されていた幸之助の〝婚外子〟四人。松下家は相続税を払うため、相続した株を松下グループに売っている。その額は約九三〇億円であった。

幸之助の晩年の足跡を辿るにつけ、ひとついえることは、幸之助はやはり十分に人間であったということである。別に彼を神格化する必要もない。日本が生んだ一人の非常に優れた事業家であり、素晴らしいイノベーターであった。もちろん、なんとか神格化したい向きがあることも否定はしない。それだけ、優れた経営者であり思想家であったということも認めよう。しかし、幸之助をよく知りながらも、批判的に人物を見ることのできる関係者ほど、幸之助から「神様」などという虚構を取りたがっているように見える。なぜならそうした虚構を排してもなお、「素晴らしい人間であり事業家」だったことを主張することができるからである。

『誰も書かなかった松下幸之助』という意味深なタイトルで幸之助論を書いた、元松下電器副社長の水野博之は、「松下幸之助は断じて神様ではなかった。だからこそあれだけのことができたのである」(水野 1998：230) と書いている。水野は京都大学理学部物理学科を卒業してすぐに松下に入社した学卒社員であり、幸之助子飼いの叩き上げ組と一線を画している。彼は幸之助のもとで戦後のエレクトロニクス化を推進してきたエンジニアである。つぶさに幸之助を見てきただけに、彼を盲目的に神格化することに抵抗があったのだろう。

またジャーナリストの硲は、批判的な自作の中でも、「天下の松下幸之助は既に十分すぎる実績と名声がある。虚構の部分を思い切りズバッと剝がして、いうならば、〝神様度〟を下げても、まだまだ凄い厚みを保っていける。ゼイ肉の評価・人気をカットすれば、ある歴史を〝主宰〟した、人間くさい、話せる人物として世間に理解され、多くのファンとともに歴史の中を悠然と歩き続けられるのではないか」(硲 1995：248)、と述べている。まったく同感である。本書を書く前の筆者がそうであったように、無用な神格化が松下幸之助の偉業をむしろ胡散臭く見せているのである。

さらに、きわめて幸之助の負の部分に切り込んだ岩瀬『血族の王』でさえ、「四歳でこの地を家族とともに追われ、九歳でふろしき包みひとつを携えて大阪に丁稚奉公に出た少年は、いま不世出の大事業家として歴史に名を刻み、いかにも満足げに静かな眠りについているようだった」と、最後の文章を締めくくっている（岩瀬 2014：382）。

会長を引退表明した時に幸之助は、「自分ながら良くやったなということで、自分の頭をこうなでてやりたいような感じです」と漏らしたが、撫でられるどころか、日本を代表するイノベーター、優れた企業人として今後も顕彰し続けられるべき人物である。彼のさまざまな創意工夫とプロセス・イノベーションがなければ、日本社会はこれほどまでに豊かにはならなかったろうし、日本企業の底力を世界に知らしめることもなかったろう。そして、この偉業は幸之助一人のものではない。彼の周りに集結した、ほっておけば歴史の中に忘れ去られるような学歴も事業経験もない人たちの力でもあった。もちろん、幸之助の「きみならできる、必ずできる」という言葉に励まされての結果である。幸之助の偉大さはそうした無数で無名の力をまとめ上げ、世界的に競争力のある企業を日本から輩出したことところにあるのである。

プロセス・イノベーションを極めたイノベーターであり、庶民の心に寄り添うマーケターであり、関連多角化を急速に進めた事業戦略家であり、世界先進企業に並んで事業部制を導入した組織戦略家であり、社員の能力を遺憾なく発揮させるモチベーターでもあった松下幸之助。彼が神ではなく一人の偉大な人間としてこの日本に存在したことに感謝して、この筆をここに置きたい。

参考文献

井植薫（1976）『道ひとすじ』電波新聞社。

井植歳男（1963）『私の履歴書　第一九巻』日本経済新聞社。

井植歳男（1967）『大型社員待望論』文藝春秋。

石山四郎（1967）『松下連邦経営――不況をしらぬ企業の秘密』ダイヤモンド社。

岩崎家伝記刊行会編（1979）『岩崎小弥太伝』東京大学出版会。

岩瀬達哉（2014）『血族の王――松下幸之助とナショナルの世紀』新潮文庫。

岡本康夫（1979）『日立と松下（上・下）』中央公論社。

奥宮正武（1992）『山本五十六と松下幸之助――「比較論」リーダーの条件』ＰＨＰ研究所。

加護野忠男（2011）『松下幸之助に学ぶ経営学』日経プレミアシリーズ。

加護野忠男編著（2016）『日本の企業家2　松下幸之助――理念を語り続けた戦略的経営者』ＰＨＰ研究所。

後藤清一（1972）『叱り叱られの記』日本実業出版社。

小宮和行（1996）『松下幸之助が惚れた男――評伝高橋荒太郎』ダイヤモンド社。

酒井邦嘉（2006）『科学者という仕事――独創性はどのように生まれるか』中公新書。

佐藤正明（1999）『映像メディアの世紀――ビデオ・男たちの産業史』日経ＢＰ社。

（社）自転車産業振興協会編（1973）『自転車の一世紀――日本自転車産業史』社団法人自転車産業振興協会。

下谷政広（1998）『松下グループの歴史と構造――分権・統合の変遷史』有斐閣。

下村満子（1981）『松下幸之助「根源」を語る』ダイヤモンド社。

「高野さんを偲ぶ本」製作委員会（1994）『夢中で……。――ミスターＶＨＳ・高野鎮雄さんを偲ぶ』「高野さんを偲ぶ本」制作委員会。

髙橋荒太郎（1979）『松下幸之助に学んだもの』実業之日本社。

髙橋誠之介（2011）『神様の女房――もう一人の創業者・松下むめの物語』ダイヤモンド社。

中村清司（2001）「松下幸之助――内省と発言」佐々木聡編『日本の戦後企業家史』有斐閣選書。

日本乾電池工業会史編纂委員会（1994）『日本乾電池工業会史』（社）日本乾電池工業会史編纂委員会。

丹羽正治（1983）『任して任せず』東洋経済新報社。

硲宗夫（1995）『悲しい目をした男　松下幸之助』講談社。

橋本寿朗・西野肇（1998）「戦後日本の企業者的企業経営者（松下幸之助）」伊丹裕之・加護野忠男・宮本又次・米倉誠一郎編『ケースブック　日本企業の経営行動④企業家の群像と時代の息吹』有斐閣。

林辰彦（1985）『実録・井植学校――関西経営者を育てた思想と哲学』ダイヤモンド社。

松岡紀雄（2017）「松下幸之助が貫いたもの」『致知』二〇一七年一一月号。

松下幸之助（1968）『道をひらく』ＰＨＰ研究所。

松下幸之助（1973）『商売心得帖』ＰＨＰ研究所。

松下幸之助（1974）『崩れゆく日本をどう救うか』ＰＨＰ研究所。

松下幸之助（1975）『人間を考える――新しい人間観の提唱　真の人間道を求めて　第一巻』ＰＨＰ研究所。

松下幸之助（1979）『決断の経営』ＰＨＰ研究所。

松下幸之助（1986a）『私の行き方　考え方――わが半生の記録』ＰＨＰ文庫版。

松下幸之助（1986b）『仕事の夢・暮らしの夢――成功を生む事業観』ＰＨＰ文庫版。

松下幸之助（2001a）『松下幸之助　夢を育てる（私の履歴書）』日経ビジネス文庫（原書は一九八五年日本経済新聞社刊）。

松下幸之助（2001b）『経営心得帖』ＰＨＰ文庫版。

松下幸之助（2014）『社員家業』ＰＨＰビジネス新書。

松下幸之助監修（1982）『技術者魂――中尾哲二郎の歩んだ道』松下電機産業株式会社中尾研究所。

松下電器産業株式会社社史編纂室（2008）『社史　松下電器変革の三十年――1978-2007』松下電器産業株式会社。

松下電器産業株式会社創業三十五年史編集委員会（1953）『創業三十五年史』松下電器産業株式会社。

松下電器産業株式会社創業五十年記念行事準備委員会（1968）『松下電器五十年の略史』松下電器産業株式会社。

松下正治（1989）「私だからこそ語れるオヤジ『幸之助』」『月刊 Asahi』創刊三号、朝日新聞社。

水野博之（1998）『誰も書かなかった松下幸之助――三つの素顔』日本実業出版社。

水野博之（2014）「【最期の教え】だから松下は世界企業になれた」『日経×Tech：2014. 11. 10』web https://tech.nikkeibp.co.jp/dm/articles/COLUMN/20141105/386866/?P/4
山下俊彦（1987）『ぼくでも社長がつとまった』東洋経済新報社。

米倉誠一郎（1998）「経営史学の方法論――逸脱・不規則性・主観性」『一橋論叢』一二〇巻五号。

米倉誠一郎（1999）『経営革命の構造』岩波新書。

渡部昇一（1983）『日本不倒翁の発想――松下幸之助全研究シリーズ1』学研。

ウィリアムソン、オリバー（1980）『市場と企業組織』（浅沼萬里・岩崎晃訳）日本評論社。

コッター、ジョン（2008）『幸之助論――「経営の神様」松下幸之助の物語』（金井壽宏監訳・高橋啓訳）ダイヤモンド社。

シュムペーター、J. A.（1977）『経済発展の理論——企業者利潤・資本・信用・利子および景気の回転に関する一研究〈上・下〉』（塩野谷祐一・中山伊知郎・東畑精一訳）岩波文庫版。

チャンドラー、A. D.（2009）『経営戦略は組織に従う』（有賀美智子訳）ダイヤモンド社。

Abernathy, William（1978） *The Productivity Dilemma : Roadblock to Innovation in the Automobile Industry*, Johns Hopkins University Press.

Anchordoguy, Marie（1989）Computers, Inc: Japan's Challenge to IBM, Harvard University Press

Livesay, Harold（1975）*Andrew Carnegie and Rise of Big Business*, Little, Brown & Company.

あとがき

松下電器創業の一〇〇年の年に、松下幸之助伝を描く。

序章で述べたように、それはなかなか「しんどい」作業であった。幸之助氏の晩年しか知らない筆者にとって、同世代史というには遠すぎるし、歴史というには近すぎた。元松下電器副社長であった水野博之氏は、自著『誰も書かなかった松下幸之助』のなかで、

　最近いろいろなところに出向いていろいろな人と会って話をしてみると、案外、「松下幸之助ねえ?」

という否定的な姿勢をとる人があることに気づいた。いわゆる「松下嫌い」である。これは東京あたりの人に多くて、「自分のことばかり考えて、儲けだけに生きた人」という感じをもっておられるようだ（水野 1998：227）。

と書いているが、筆者はまさにその「東京あたりの松下嫌い」の一人だった。もちろん、「儲けだけに生きた人」とは思わなかったが、宗教的な言動の中に自己中心的な匂いがするとは思っていた。しかし、今回さまざまな松下関連の書物を読んだ結果、幸之助氏の自己中心的な言動はけっして自己顕示欲などから出たものではなく、実はその天真爛漫さ（氏の言葉によれば「素直」な心）から出たことが次第にわかってきた。また、宗教的な言動も熟慮に熟慮を重ねた信念から発したものだったことも理解できた。一方で、幸之助氏は常に聖人君子であったわけではない。小さなことでネチネチと部下を叱り続けることもあったし、重役という名前につられて会社を売りそうになったこともあった。むめのをはじめとする井植家にあれほど世話になりながら、歳男とは袂を分かち口もきかない時もあった。さらには、むめのをおいて東京に愛人を囲い、四人もの子を儲けていた。しかし、それはそれで、人間らしいのである。

明らかに、幸之助氏には多くの人を惹きつける技量と魅力があった。

水野氏はこう述べる、「（何やら、ようわからんことを言っとるなあ）と思うことも再三であったけれども、あのニコッとする笑顔は天下一品で、その顔をみると、（俺の苦労をわかってくれているな）と皆に思わせるところがあった」、と。本書を書き終えたいまの気持ちは、「嗚呼、その笑顔に一度でも接してみたかった」、という想いである。

病弱だった幸之助氏は、「きみならできる、必ずできる」と多くの若者を鼓舞し、思いもよらない力を発揮させてきた。まさに、「人をたぶらかす名人」でもあった。いま筆を擱いてみると、筆者もその見えない力にたぶらかされ、「きみならできる」とおだてられた一人だったのかもしれない。本書が、そんな幸之助氏の「神ではない、人間としての魅力」を少しでも表現することができたならば、望外の喜びである。

さて、本書を作成するにあたって、ミネルヴァ書房編集者の堀川健太郎氏にはずいぶんと世話になり励まされた。本書の企画を一〇年以上もほって置いた筆者を粘り強く、よく待ってくれたものだ。実は本書のことはずっと気にはなっていた。長い間、この種の職業についていると、「締め切りは必ず来る」ということぐらいはわかっている。にもかかわらず、筆が進まなかったのは、幸之助伝というテーマにもあったが、もうひとつの懸案事項であった『イノベーターたちの日本史——近代日本の創造的対応』（東洋経済新報社刊）の筆もなかなか進まなかったからである。これには、なんと一八年もの歳月を要してしまっていた。

そんなこんなで、『イノベーターたちの日本史』を無事脱稿したのが二〇一七年三月であり、同時に一橋大学イノベーション研究センターも無事に退官することができた。そこで、気になったまま心の底に封印していた『幸之助論』が頭をもたげてきたのである。ちょうどその頃、堀川さんから緩やかな催促が届き、重い筆をとったのが夏頃だった。したがって、京都のＰＨＰ研究所などに資料調査に行く間もなかった。ＰＨＰ研究所には本書の執筆を受諾した一〇年以上も前にお邪魔をして、真々庵でお茶を一服いただいたことがあった。その時に資料の公開を約束してくださった江口克彦社長はじめ研究所の方々には大きな不義理をしてしまった。余談だが、南禅寺近隣に位置する真々庵の白砂利の中に林立する杉に囲まれたその中心は、本当に「気の流れ」のいい場所であった。南アフリカの喜望に匹敵する気の流れだった。

時間的制約から、一次資料に頼らずに二次資料で行こうと決めたため、本書に新資料発見的な価値はない。あるのは「解釈の冒険」という無謀な試みだけである。

それから期限を切って数カ月に一度、堀川さんが原稿を取り立てにくるというスケジュールが決まった。最終締め切りギリギリの二〇一八年三月末には、二人で大阪の「松下幸之助歴史館」や創業の地・大開町にも出かけて行った。酒も一緒によく飲んだ、旨かった。よく飲み、よく食べた。愉快な時間だった。松下歴史館の恵崎政裕さんと中西雅子さん、そして訪問をアレンジしてくださった則武里恵さんにも深い感謝を述べなければならない。本当にありがとうございました。

二〇一七年四月から法政大学イノベーション・マネジメント研究科に移籍したが、今回の執筆でも威力を発揮したのは古巣一橋大学イノベーション研究センターとその図書館だった。他校にいながらも、ほとんど必要な書籍を手に入れることができた。センターの小貫麻美さん、志水まどかさん、移籍してしまった庄司浩子さん、森川純子さん、池亀奈津美さんにはいつもながら本当に世話になった。とくに、米元みやさんには資料収集から調査まで大きな貢献をしてもらった。最近、その一橋大学イノベーション研究センターが「研究者の自由の楽園」から程遠い組織変更を迫られているのは、個人的な感情を超えて、日本の未来のために哀しい。

新拠点の法政大学にはまだ馴染めていないが、呼んでくださった高木晴夫先生、高田朝子先生の高高コンビと、同僚の Kenneth Pechter 先生とはもう楽しく仕事をさせてもらっている（高木先生はさっと消えてしまったのだが、笑）。あー、そういえば昔の教え子の Julia Yongue さんや Eyo Shiaw Jia さんが同僚として法政大学にいたのは嬉しかった。

いつもながら、事務能力が大きく欠如している僕を支えてくれる"Team Yonekura"もありがたい。法政大学外国人専用MBAプログラムの支援体制における、森辺一樹特任講師、前澤優太大学院生たちが強力なバックアップを続けてくれている。NPOリーダーシップ・プログラムを中心とするAMEXプロジェクトの"Team Yonekura"の、エディ操さん、高橋陽子さん、加勢川早紀子さん、宮田和美さんは、本当に頼もしい味方だ。さらに、教育と探求社の宮地勘司さんをはじめとする教育革命の同志もクエストカップやティーチャーズ・イニシアティブ（TI）の活動を通じて、二一世紀の教育のあり方に大きな気づきを与えてもらっている。

今期の六本木アカデミーヒルズの日本元気塾も元気だ。藤森義明さん、中竹竜二さんに加えて盟友・楠木建くんも参加。日本や世界を元気にするという荒唐無稽な課題に、ドンキホーテのように挑み、楽しく騒いでいる。元気塾事務局とくに下川明美さんにはさまざまな側面で大きく支えてもらっている。そして、The Searching Cranburysもまだ演奏を続けている。バンマス・ジョナサン（鈴木博文）は与えられた試練に挑み、バート（向井久）は相変わらず「変わらぬ日常」を丁寧に過ごしている。ホーナー（宮本恵介）は毎日子供と向き合って噺家の才を発揮している。ジジ・バンドは無敵だぞ。

世界中にイノベーションの「爆発力」を拡散するために設置されたBacca Institute of Innovationの大竹弘考研究員、小倉教太郎研究員、高乗正行研究員、森辺一樹研究員、佐藤雅彦研究員の「バカ発力」には、所長として脱帽するしかない。

以上、本書の作成にあたっては、多くの人々の協力や支援があった。しかし、あり得べき過ちや誤記は一〇〇パーセント筆者にある。これから受けるであろうご批判・ご指摘は真摯に受け止め、さらなる修正を果たしていきたい。さて最後に本書を、明希と一明郎に捧げようと思う。彼らが二一世紀の世界に少しでも役に立つ人間になって欲しいと思うからである。彼らには幸之助氏から頂いた言葉、「きみならできる、必ずできる」も共に贈っておこう。

二〇一八年七月　　嵐の吹きすさぶ軽井沢にて

米倉誠一郎

松下幸之助略年譜

和暦	西暦	齢	関係事項	一般事項
明治二七	一八九四		11・27和歌山県海草郡和佐村に生まれる。	8・1日清戦争始まる。
三二	一八九九	4	父・政楠が米相場に失敗し、和歌山市内に移住。	2・1東京・大阪間に電話開通。
三七	一九〇四	9	11月小学校を四年で中途退学、父の呼び出しで単身大阪市南区（現中央区）の火鉢店に奉公に出る。	2・10日露戦争始まる。
三八	一九〇五	10	2月大阪市東区（現中央区）の自転車店に奉公先を変える。	9・5ポーツマス条約調印。
四三	一九一〇	15	10月大阪電燈株式会社に内線係見習工として入社。	8・22韓国併合条約調印。
大正二	一九一三	18	4月大阪市関西商工学校夜間部予科に入学（翌年、夜間部本科中退）。	10・6日本政府が中華民国承認。
四	一九一五	20	9・4井植むめの（一九歳）と結婚。	1・18中国政府に二一カ条要求。
五	一九一六	21	10月改良ソケットの実用新案を出願。	9・1工場法施行。
六	一九一七	22	6月大阪電燈株式会社退社、大阪市猪飼野で独立。8月ソケットの製造販売を開始。12月扇風機の碍盤一〇〇〇枚の注文が入る。	この年ロシア二月革命、十月革命が発生。

七	一九一八	23	3・7大阪市北区（現福島区）西野田大開町で松下電気器具製作所を創業。この年改良アタッチメントプラグ、二灯用差込みプラグの製造販売を開始。	11・11（一九一四年からの）第一次世界大戦終結。
九	一九二〇	25	2月M矢の社章・商標を制定。3月歩一会結成。東京駐在所を設置、義弟・井植歳男が単身東京へ。	3・15戦後恐慌起こる。
一〇	一九二一	26	4月長女・幸子誕生。	11・4原敬暗殺される。
一二	一九二三	28	3月砲弾型電池式自転車ランプを考案発売。12月中尾哲二郎が松下に入所。	9・1関東大震災。
一五	一九二六	31	6月長男・幸一誕生（翌年に死去）。	12・25大正天皇崩御、昭和と改元。
昭和 二	一九二七	32	1月電熱部創設。4月電気アイロンの生産販売を開始。角型ランプに「ナショナル」の商標をつけて発売。	3・15金融恐慌発生。
四	一九二九	34	3月松下電器製作所と改称、綱領・信条を制定。5月橋本電器を買収して日本電器製造株式会社を設立。12月無解雇給与継続を決定し、志気を高める。	10・24ニューヨーク株式市場大暴落。
五	一九三〇	35	8月ラジオ生産に進出するために国道電機株式会社設立（翌年に解消）。11月スーパーアイロンが商工省から国産優良品に指定される。米国製自家用車を購入。	この年世界恐慌が日本に波及（昭和恐慌）。

六	一九三一	36	1月名古屋支店で業界初の「初荷」を実行。3月札幌、台湾に配給所を設置、販売強化。8月ラジオ受信機が東京中央放送局のラジオセット・コンクールで一等に。9月小森乾電池を吸収、乾電池の自社生産開始。	9・18満洲事変。
七	一九三二	37	4月貿易部設置、輸出事業開始（一九三五年設立の松下電器貿易株式会社の前身）。5・5を創業記念日に制定、第一回創業記念式挙行、この年を命知元年とする。	5・15五・一五事件。
八	一九三三	38	5月事業部制を敷く、以降、全事業場で朝会・夕会が実施される。7月大阪府北河内郡門真村（現門真市）を事業の本拠とする。松下電器の遵奉すべき五精神（のちに七精神）制定。	3・27国際連盟の脱退を通告。
九	一九三四	39	4月松下電器店員養成所開校、所長に就任。	7・8岡田啓介内閣発足。
一〇	一九三五	40	4月満洲奉天に出張所設置。12月松下電器製作所を株式会社組織とし、松下電器産業株式会社設立、事業部制を分社制とし、九分社設立。	2・18美濃部達吉の天皇機関説問題化。
一一	一九三六	41	11月朝日乾電池を傘下にし、同社の高橋荒太郎が松下に入社。	2・26二・二六事件。
一三	一九三八	43	5月高野山に物故従業員慰霊塔を竣工。9月満洲松	4・1国家総動員法公布。

一四	一九三九	44	下電器株式会社設立（終戦により閉鎖）。8月生産工場としては海外初の松下乾電池株式会社上海工場を開設（終戦で閉鎖）。	9・1第二次世界大戦勃発。
一五	一九四〇	45	1月第一回経営方針発表会開催（以後、毎年開催）。5月平田正治が長女・幸子と結婚し、婿養子となった。松下正治が松下に入社。	10・12大政翼賛会発足。
一八	一九四三	48	4月軍の要請で松下造船株式会社設立。10月軍の要請で松下飛行機株式会社設立。12月M矢の社章を三松葉の社章に改定。	2・1日本軍ガダルカナル島から撤退。
二〇	一九四五	50	8月終戦の翌日、臨時経営方針を発表、祖国の再建を訴える。12月社・工員の区別を廃し、一律月給制へ。	8・15昭和天皇の玉音放送。
二一	一九四六	51	2月綱領・信条を改訂。この年から、GHQより制限会社の指定、財閥家族の指定等、各種制限を受ける。11月PHP研究所（当初は経営経済研究所）を設立、所長に就任。井植歳男退任。	11・3日本国憲法公布。
二二	一九四七	52	井植歳男三洋電機を創業。	
二四	一九四九	54	4月経営再建のため、初めて希望退職者を募る。この年負債一〇億円を抱え、物品税の滞納王と報道される。	4・23一ドル＝三六〇円、為替レート決まる。

二五	一九五〇	55	3月事業部制を復活させる。7月ＰＨＰ研究活動を中断（一九六一年に再開）。	6・25朝鮮戦争勃発。
二六	一九五一	56	1月第一回アメリカ視察、10月には欧米視察へ。	9・8サンフランシスコ条約。
二七	一九五二	57	1月中川機械株式会社と提携（のちに松下冷機株式会社に）。10月フィリップス社との技術提携成立。 12月松下電子工業株式会社を設立。	8・13日本が国際通貨基金（ＩＭＦ）に加盟。
二九	一九五四	59	1月日本ビクター株式会社と提携。	7・1陸海空の自衛隊発足。
三〇	一九五五	60	12月九州松下電器株式会社を設立。	11・15自由民主党結党。
三一	一九五六	61	1月経営方針発表会で五カ年計画を発表。5月大阪電気精器株式会社を設立（のちに松下精工株式会社に）。	7・17「もはや戦後ではない」経済白書発表。
三二	一九五七	62	2月ナショナル店会の結成を開始（のちに改組してＭＡＳＴに）。11月ナショナルショップ制度発足。 この年から全国に販売会社の設立開始。	この年なべ底不況始まる。
三三	一九五八	63	1月松下通信工業株式会社設立。	4・5長嶋茂雄4三振デビュー。
三四	一九五九	64	9月アメリカ松下電器株式会社（ＭＥＣＡ）設立。	この年岩戸景気始まる。
三六	一九六一	66	1月松下電器産業株式会社社長を退き、会長に就任。	1・20米大統領にケネディ就任。
三七	一九六二	67	5月ドイツに、ハンブルグ松下電器有限会社を設立。 6月東方電機株式会社と提携（のちに松下電送株式会社に）。	10・5ビートルズレコードデビュー。

三九	一九六四	69	1月国内経営局、海外経営局を設置。7月全国販売会社代理店社長懇談会（通称「熱海会談」）を開催。8月営業本部長代行として経営改革を断行。	8月ベトナム戦争勃発。10・10東京オリンピック。
四〇	一九六五	70	4月完全週休二日制を実施。	4・1初の国産旅客機が就航。
四二	一九六七	72	1月経営方針発表会で「五年後には欧州を抜く賃金に」と呼びかける。	3・6日本航空、世界一周路線の運航開始。
四三	一九六八	73	7月霊山顕彰会初代会長に就任。12月本社構内に「科学と工業の先覚者の像」が完成。	12・10三億円事件。
四四	一九六九	74	8月第一回販売会社懐旧懇談会を開催。11月松下寿電子工業株式会社を設立。	1・18〜19東大安田講堂事件。
四五	一九七〇	75	5月松下グループの連結決算を初めて公表。10月二重価格問題で消費者団体による松下の全製品ボイコット運動に発展。12月「現金正価」の呼称をやめ、円表示を実施。	3・14大阪で万国博覧会開催。
四八	一九七三	78	7月松下電器産業株式会社会長を退き、相談役に就任。社長松下正治、会長高橋荒太郎。	10月〜第一次オイルショック。
五一	一九七六	81	5月ホームビデオＶＸ―２０００を発売。	12・24福田赳夫内閣発足。
五二	一九七七	82	1月松下住設機器株式会社を設立。ＶＨＳ方式ビデオの採用を発表。2月松下電器産業株式会社会長に松下正治、社長に山下俊彦が就任。	9・5王貞治が第一回目の国民栄誉賞受賞者に。

五三	一九七八	83	2月全松下経営諮問会議を設置。	5・20成田空港が開港。
五四	一九七九	84	1月松下電池工業株式会社を設立。和歌山県から名誉県民の称号を受ける。6月松下政経塾を設立、理事長兼塾長に就任。	1月〜第二次オイルショック。
五五	一九八〇	85	7月熱海で販売会社社長懐旧懇談会を開催。	この年日本の車生産台数世界一。
五六	一九八一	86	5月「創業の森」が本社構内に完成。	1・20米大統領にレーガン就任。
六二	一九八七	92	5月勲一等旭日桐花大綬章を受章。	10・19ニューヨーク株価大暴落。
六三	一九八八	93	1月公益財団法人松下国際財団（現公益財団法人松下幸之助記念財団）を設立、会長に就任。	6月〜リクルート事件。
平成　元	一九八九	94	4・27午前10時6分、永眠。	1・7昭和天皇崩御、平成と改元。

『五十年略史』（1968）、加護野編著（2016）の年譜に依拠した（年齢は、その年の誕生日までの満年齢）。

人名索引

事項索引

さ　行

た　行

な　行

は　行

ま　行

や・ら　行

《著者紹介》

米倉誠一郎（よねくら・せいいちろう）

1953年　生まれ。

1977年　一橋大学社会学部卒業。

1979年　一橋大学経済学部卒業。

1981年　一橋大学大学院社会学研究科修士課程修了。

1982年　同大学院博士課程中退のうえ，一橋大学商学部産業経営研究所助手。

1990年　ハーバード大学歴史学博士号取得（Ph. D.）。

1995年　一橋大学商学部産業経営研究所教授・1997年同イノベーション研究センター教授を経て，

現　在　法政大学経営大学院イノベーション・マネジメント研究科教授・一橋大学イノベーション研究センター特任教授（名誉教授）。

主　著　『イノベーターたちの日本史――近代日本の創造的対応』東洋経済新報社，2017年。

『2枚目の名刺 未来を変える働き方』講談社＋α新書，2015年。

『創発的破壊――未来をつくるイノベーション』ミシマ社，2011年。

『ジャパニーズ・ドリーマーズ――自己イノベーションのすすめ』PHP新書，2002年。

『経営革命の構造』岩波新書，1999年，ほか。

ミネルヴァ日本評伝選

松《まつ》下《した》幸《こう》之《の》助《すけ》

――きみならできる，必ずできる――

2018年9月10日　初版第1刷発行　〈検印省略〉

定価はカバーに
表示しています

著　者　米倉誠一郎

発行者　杉田啓三

印刷者　江戸孝典

発行所　株式会社　ミネルヴァ書房

607-8494　京都市山科区日ノ岡堤谷町1

電話代表（075）581-5191

振替口座　01020-0-8076

共同印刷工業・新生製本

ISBN978-4-623-08426-5

Printed in Japan

刊行のことば

歴史を動かすものは人間であり、興趣に富んだ人間の動きを通じて、世の移り変わりを考えるのは、歴史に接する醍醐味である。

しかし過去の歴史学を顧みるとき、人間不在という批判さえ見られたように、歴史における人間のすがたが、必ずしも十分に描かれてきたとはいえない。二十一世紀を迎えた今、歴史の中の人物像を蘇生させようとの要請はいよいよ強く、またそのための条件もしだいに熟してきている。

この「ミネルヴァ日本評伝選」は、正確な史実に基づいて書かれるのはいうまでもないが、単に経歴の羅列にとどまらず、歴史を動かしてきたすぐれた個性をいきいきとよみがえらせたいと考える。そのためには、対象とした人物とじっくりと対話し、ときにはきびしく対決していくことも必要になるだろう。

今日の歴史学が直面している困難の一つに、研究の過度の細分化、瑣末化が挙げられる。それは緻密さを求めるが故に陥った弊害といえるが、その結果として、歴史の大きな見通しが失われ、歴史学を通しての社会への働きかけの途が閉ざされ、人々の歴史への関心を弱める危険性がある。今こそ歴史が何のためにあるのかという、基本的な課題に応える必要があろう。評伝という興味ある方法を通じて、解決の手がかりを見出せないだろうかというのも、この企画の一つのねらいである。

狭義の歴史学の研究者だけでなく、多くの分野ですぐれた業績をあげている著者たちを迎えて、従来見られなかった規模の大きな人物史の叢書として、「ミネルヴァ日本評伝選」の刊行を開始したい。

平成十五年（二〇〇三）九月

ミネルヴァ書房

ミネルヴァ日本評伝選

企画推薦
梅原猛
ドナルド・キーン
佐伯彰一
角田文衞

監修委員
上横手雅敬
芳賀徹

編集委員
石川九楊
伊藤之雄
猪木武徳
今谷明
今橋映子
熊倉功夫
佐伯順子
坂本多加雄
武田佐知子
竹西寛子
西口順子
兵藤裕己
御厨貴

上代

*俾弥呼　古田武彦
*日本武尊　西宮秀紀
*仁徳天皇　若井敏明
雄略天皇　吉村武彦
継体天皇　若井敏明
*蘇我氏四代　遠山美都男
推古天皇　義江明子
聖徳太子　仁藤敦史
斉明天皇　武田佐知子
*小野妹子・毛人・毛野　大橋信弥
*額田王　梶川信行
弘文天皇　遠山美都男
天武天皇　新川登亀男
持統天皇　丸山裕美子
阿倍比羅夫　熊田亮介
*藤原四子　木本好信
*柿本人麿　古橋信孝
*元明天皇・元正天皇　渡部育子
聖武天皇　本郷真紹
光明皇后　寺崎保広
*孝謙・称徳天皇　勝浦令子
藤原不比等　荒木敏夫
橘諸兄・奈良麻呂　遠山美都男
吉備真備　今津勝紀
*藤原仲麻呂　木本好信
道鏡　吉川真司
*藤原種継　木本好信
*行基　吉田靖雄

平安

*桓武天皇　井上満郎
嵯峨天皇　西別府元日
宇多天皇　古藤真平
醍醐天皇　石上英一
村上天皇　京樂真帆子
花山天皇　上島享
*三条天皇　倉本一宏
藤原薬子　中野渡俊治
*藤原良房・基経　瀧浪貞子
*紀貫之　神田龍身
源高明　所功
*安倍晴明　斎藤英喜
藤原実資　橋本義則
*藤原道長　朧谷寿
*藤原伊周・隆家　倉本一宏
藤原定子　山本淳子
*藤原彰子　朧谷寿
清少納言　三田村雅子
紫式部　竹西寛子
和泉式部　ツベタナ・クリステワ
大江匡房　小峯和明
*阿弖流為　樋口知志
坂上田村麻呂　熊谷公男
*源満仲・頼光　元木泰雄
平将門　西山良平
藤原純友　寺内浩
最澄　吉田一彦
円珍　岡野浩二
*空也　石井義長
奝然　上川通夫
*源信　小原仁
慶滋保胤　吉原浩人
*後白河天皇　美川圭
*式子内親王　奥野陽子
建礼門院　生形貴重
*藤原秀衡　入間田宣夫
平時子・時忠　元木泰雄
平維盛　根井浄
守覚法親王　阿部泰郎
藤原隆信・信実　山本陽子

鎌倉

源頼朝　川合康
*源義経　近藤好和
源実朝　神田龍身
*九条兼実　加納重文
九条道家　上横手雅敬
北条時政　野口実
熊谷直実　佐伯真一
*北条政子　関幸彦
北条義時　岡田清一
曾我十郎・五郎　杉橋隆夫
北条時頼　山本隆志
北条時宗　近藤成一
安達泰盛　山陰加春夫
平頼綱　細川重男
竹崎季長　堀本一繁
西行　光田和伸
鴨長明　浅見和彦
藤原定家　赤瀬信吾
*京極為兼　今谷明
*兼好　島内裕子
重源　横内裕人
*運慶　根立研介
快慶　井上一稔
法然　今堀太逸
栄西　中尾良信
明恵　西山厚
*親鸞　末木文美士
恵信尼・覚信尼　西口順子
覚如　今井雅晴
*道元　船岡誠
叡尊　細川涼一
*忍性　松尾剛次
*日蓮　佐藤弘夫
一遍　蒲池勢至
夢窓疎石　原田正俊
*宗峰妙超　竹貫元勝

南北朝・室町

後醍醐天皇　上横手雅敬
*護良親王　新井孝重
*懐良親王　森　茂暁
*赤松氏五代　渡邊大門
*北畠親房　岡野友彦
楠正成　兵藤裕己
楠木正行・正儀　生駒孝臣
*新田義貞　山本隆志
*光厳天皇　深津睦夫
足利尊氏　市沢　哲
*足利直義　亀田俊和
佐々木道誉　下坂　守
細川頼之　亀田俊和
円観・文観　田中貴子
足利義詮　早島大祐
足利義満　川嶋將生
*足利義持　吉田賢司
足利義教　横井　清
足利義政　木下昌規
*大内義弘　平瀬直樹
伏見宮貞成親王　松薗　斉
*山名宗全　山本隆志
細川勝元・政元　古野　貢
畠山義就　呉座勇一
足利成氏　阿部能久
世阿弥　西野春雄
雪舟等楊　河合正朝
宗祇　鶴崎裕雄
*満済　森　茂暁
一休宗純　原田正俊
蓮如　岡村喜史

戦国・織豊

北条早雲　家永遵嗣
*北条氏政　黒田基樹
大内義隆　藤井　崇
斎藤氏三代　木下　聡
*毛利元就　岸田裕之
*毛利輝元　光成準治
小早川隆景・秀秋　光成準治
六角定頼　村井祐樹
*今川義元　小和田哲男
*武田信玄　笹本正治
*武田勝頼　笹本正治
*真田氏三代　笹本正治
*三好長慶　天野忠幸
松永久秀　天野忠幸
*宇喜多直家・秀家　渡邊大門
*上杉謙信　矢田俊文
大友宗麟　鹿毛敏夫
島津義久・義弘　福島金治
*長宗我部元親・盛親　平井上総
浅井長政　長谷川裕子
吉田兼倶　西山　克
山科言継　松薗　斉
*雪村周継　赤澤英二
正親町天皇・後陽成天皇　神田裕理
足利義輝・義昭　山田康弘
織田信長　三鬼清一郎
織田長益　八尾嘉男
豊臣秀吉　藤井讓治
豊臣秀次　矢部健太郎
*北政所おね　田端泰子
*淀殿　福田千鶴
蜂須賀正勝・家政　三宅正浩
前田利家　東四柳史明
山内一豊・忠義　長屋隆幸
*黒田如水　小和田哲男
*蒲生氏郷　藤田達生
石田三成　堀越祐一
*細川ガラシャ　田端泰子
伊達政宗　伊藤喜良
*支倉常長　田中英道
千利休　熊倉功夫
*長谷川等伯　宮島新一
顕如　神田千里
教如　安藤　弥

江戸

*徳川家康　笠谷和比古
本多忠勝　柴　裕之
*徳川家光　野村　玄
*徳川吉宗　横田冬彦
*後水尾天皇　久保貴子
後桜町天皇　所　京子
*光格天皇　藤田　覚
*崇伝　杣田善雄
*春日局　福田千鶴
*宮本武蔵　渡邊大門
*池田光政　倉地克直
保科正之　八木清治
シャクシャイン　岩崎奈緒子
*田沼意次　藤田　覚
細川重賢　安高啓明
*二宮尊徳　小林惟司
末次平蔵　岡　美穂子
*高田屋嘉兵衛　生田美智子
*林羅山　鈴木健一
吉野太夫　渡辺憲司
中江藤樹　辻本雅史
熊沢蕃山　川口　浩
*山崎闇斎　澤井啓一
山鹿素行　前田　勉
*北村季吟　島内景二
伊藤仁斎　澤井啓一
貝原益軒　辻本雅史
*ケンペル　B・M・ボダルト＝ベイリー
新井白石　大川　真
荻生徂徠　柴田　純
*雨森芳洲　上田正昭
石田梅岩　高野秀晴
白隠慧鶴　芳澤勝弘
前野良沢　松田　清
平賀源内　石上　敏
本居宣長　田尻祐一郎
杉田玄白　吉田　忠
木村蒹葭堂　有坂道子
*大田南畝　沓掛良彦
菅江真澄　赤坂憲雄
*鶴屋南北　諏訪春雄
良寛　阿部龍一
*山東京伝　佐藤至子
*滝沢馬琴　高田　衛
平田篤胤　山下久夫
国友一貫斎　太田浩司
シーボルト　宮坂正英
本阿弥光悦　岡　佳子
小堀遠州　中村利則
狩野探幽・山雪　山下善也
尾形光琳・乾山　河野元昭
*二代目市川團十郎　田口章子
伊藤若冲　狩野博幸
浦上玉堂　高橋博巳
*佐竹曙山　成瀬不二雄
葛飾北斎　岸　文和
酒井抱一　玉蟲敏子
孝明天皇　青山忠正
*和宮　辻ミチ子
徳川慶喜　大庭邦彦
島津斉彬　原口　泉
横井小楠　沖田行司
*古賀謹一郎　小野寺龍太
*永井尚志　高村直助

*岩瀬忠震　小野寺龍太
*栗本鋤雲　小野寺龍太
大村益次郎　竹本知行
河井継之助　小川和也
*西郷隆盛　家近良樹
由利公正　角鹿尚計
*塚本明毅　塚本学
*月性　海原徹
*吉田松陰　海原徹
*高杉晋作　海原徹
久坂玄瑞　一坂太郎
ペリー　遠藤泰生
ハリス　福岡万里子
オールコック　佐野真由子
アーネスト・サトウ　奈良岡聰智
緒方洪庵　米田該典

近代

*明治天皇　伊藤之雄
*大正天皇　F・R・ディキンソン
*昭憲皇太后・貞明皇后　小田部雄次
大久保利通　三谷太一郎
山県有朋　鳥海靖
木戸孝允　落合弘樹
井上馨　伊藤之雄
*松方正義　室山義正
北垣国道　小林丈広
板垣退助　小川原正道

長与専斎　笠原英彦
大隈重信　五百旗頭薫
伊藤博文　坂本一登
井上毅　大石眞
*井上勝　老川慶喜
*桂太郎　小林道彦
*渡邉洪基　瀧井一博
*乃木希典　佐々木英昭
星亨　小林道彦
林董　奈良岡聰智
*児玉源太郎　小林道彦
*高宗・閔妃　木村幹
山本権兵衛　室山義正
*金子堅太郎　松村正義
高橋是清　鈴木俊夫
小村寿太郎　簑原俊洋
*犬養毅　小林惟司
原敬　季武嘉也
*加藤高明　櫻井良樹
牧野伸顕　小宮一夫
田中義一　黒沢文貴
内田康哉　高橋勝浩
石井菊次郎　廣部泉
平沼騏一郎　堀田慎一郎
*鈴木貫太郎　小堀桂一郎
宇垣一成　北岡伸一
*宮崎滔天　榎本泰子
*浜口雄幸　川田稔
幣原喜重郎　西田敏宏
関一　玉井金五
水野広徳　片山慶隆

広田弘毅　井上寿一
安重根　上垣外憲一
*グルー　廣部泉
*永田鉄山　森靖夫
東條英機　牛村圭
今村均　前田雅之
蒋介石　劉岸偉
石原莞爾　山室信一
近衛文麿　庄司潤一郎
*岩崎弥太郎　武田晴人
伊藤忠兵衛　末永國紀
五代友厚　田付茉莉子
大倉喜八郎　村上勝彦
*安田善次郎　由井常彦
渋沢栄一　武田晴人
中野武営　佐賀香織
益田孝　鈴木邦夫
山辺丈夫　宮本又郎
武藤山治　阿部武司・桑原哲也
池田成彬　松浦正孝
西原亀三　森川正則
小林一三　橋爪紳也
大倉恒吉　石川健次郎
大原孫三郎　猪木武徳
*河竹黙阿弥　今尾哲也
イザベラ・バード　加納孝代
*林忠正　木々康子
*森鷗外　小堀桂一郎
*二葉亭四迷　ヨコタ村上孝之
*夏目漱石　佐々木英昭

徳冨蘆花　半藤英明
巌谷小波　千葉信胤
樋口一葉　佐伯順子
*島崎藤村　十川信介
泉鏡花　東郷克美
上田敏　小林茂
*有島武郎　亀井俊介
永井荷風　川本三郎
北原白秋　平石典子
菊池寛　山本芳明
芥川龍之介　高橋龍夫
*宮沢賢治　千葉一幹
高浜虚子　坪内稔典
与謝野晶子　佐伯順子
*種田山頭火　村上護
*斎藤茂吉　品田悦一
*高村光太郎　湯原かの子
石川啄木　先崎彰容
萩原朔太郎　エリス俊子
*原阿佐緒　秋山佐和子
*狩野芳崖・高橋由一　古田亮
川村清雄　落合則子
*小堀鞆音　小堀桂一郎
竹内栖鳳　北澤憲昭
黒田清輝　高階秀爾
中村不折　石川九楊
横山大観　高階秀爾
*橋本関雪　西原大輔
小出楢重　芳賀徹
土田麦僊　天野一夫

岸田劉生　北澤憲昭
濱田庄司　濱田琢司
*山田耕筰　後藤暢子
松旭斎天勝　川添裕
中山みき　鎌田東二
佐田介石　谷川穣
*ニコライ　中村健之介
*出口なお・王仁三郎　川村邦光
島地黙雷　阪本是丸
*新島襄　太田雄三
新島八重　佐伯順子
木下広次　冨岡勝
海老名弾正　西田毅
嘉納治五郎　クリストファー・スピルマン
柏木義円　片野真佐子
津田梅子　田中智子
*澤柳政太郎　新田義之
河口慧海　高山龍三
山室軍平　室田保夫
大谷光瑞　白須淨眞
*久米邦武　髙田誠二
フェノロサ　伊藤豊
井上哲次郎　井ノ口哲也
三宅雪嶺　長妻三佐雄
*岡倉天心　木下長宏
志賀重昂　中野目徹
徳富蘇峰　杉原志啓
*竹越与三郎　西田毅
内藤湖南・桑原隲蔵　礪波護

*廣池千九郎　橋本富太郎
岩村透　今橋映子
*西田幾多郎　大橋良介
*金沢庄三郎　石川遼子
柳田国男　鶴見太郎
厨川白村　張競
村岡典嗣　水野雄司
大川周明　山内昌之
西田直二郎　林淳
折口信夫　斎藤英喜
シュタイン　瀧井一博
*西周　清水多吉
*福澤諭吉　平山洋
成島柳北　山田俊治
福地桜痴　山田俊治
*村山龍平　早房長治
島田三郎　武藤秀太郎
田口卯吉　鈴木栄樹
*陸羯南　松田宏一郎
黒岩涙香　奥武則
長谷川如是閑　織田健志
*吉野作造　田澤晴子
山川均　米原謙
*岩波茂雄　十重田裕一
*北一輝　岡本幸治
*穂積重遠　大村敦志
中野正剛　吉田則昭
*満川亀太郎　福家崇洋
*エドモンド・モレル　林田治男
*北里柴三郎　福田眞人

高峰譲吉　木村昌人
田辺朔郎　秋元せき
*南方熊楠　飯倉照平
石原純　金子務
*辰野金吾　河上眞理・清水重敦
*七代目小川治兵衛　尼崎博正
本多静六　岡本貴久子
ブルーノ・タウト　北村昌史

現代

昭和天皇　御厨貴
高松宮宣仁親王　後藤致人
*李方子　小田部雄次
吉田茂　中西寛
マッカーサー　柴山太
鳩山一郎　楠綾子
*石橋湛山　増田弘
重光葵　武田知己
市川房枝　村井良太
*池田勇人　藤井信幸
高野実　篠田徹
和田博雄　庄司俊作
朴正熙　木村幹
*田中角栄　新川敏光
宮沢喜一　村上友章
竹下登　真渕勝
*松永安左エ門　橘川武郎

鮎川義介　井口治夫
*出光佐三　橘川武郎
*松下幸之助　米倉誠一郎
渋沢敬三　井上潤
*本田宗一郎　伊丹敬之
井深大　武田徹
*佐治敬三　小玉武
幸田家の人々　金井景子
*正宗白鳥　大嶋仁
*大佛次郎　福島行一
*川端康成　大久保喬樹
*薩摩治郎八　小林茂
坂口安吾　千葉一幹
太宰治　安藤宏
松本清張　杉原志啓
安部公房　鳥羽耕史
*三島由紀夫　島内景二
井上ひさし　成田龍一
R・H・ブライス　菅原克也
柳宗悦　熊倉功夫
バーナード・リーチ　鈴木禎宏
イサム・ノグチ　酒井忠康
熊谷守一　古川秀昭
川端龍子　岡部昌幸
藤田嗣治　林洋子
*井上有一　海上雅臣
*手塚治虫　竹内オサム
古賀政男　藍川由美

*吉田正　金子勇
武満徹　船山隆
*八代目坂東三津五郎　田口章子
*力道山　岡村正史
*西田天香　宮田昌明
安倍能成　中根隆行
サンソム夫妻　平川祐弘・牧野陽子
*天野貞祐　貝塚茂樹
和辻哲郎　小坂国継
矢代幸雄　稲賀繁美
石田幹之助　岡本さえ
*平泉澄　若井敏明
*早川孝太郎　須藤功
安岡正篤　片山杜秀
青山二郎　田野勲
島田謹二　小林信行
田中美知太郎　川久保剛
前嶋信次　杉田英明
*唐木順三　澤村修治
亀井勝一郎　山本直人
知里真志保　北原治郎太
*保田與重郎　谷崎昭男
石母田正　磯前順一
*福田恆存　川久保剛
井筒俊彦　安藤礼二
佐々木惣一　伊藤孝夫
小泉信三　都倉武之
*瀧川幸辰　伊藤孝夫
式場隆三郎　服部正

大宅壮一　有馬学
清水幾太郎　庄司武史
*フランク・ロイド・ライト　大久保美春
*中谷宇吉郎　杉山滋郎
今西錦司　山極寿一

*は既刊
二〇一八年九月現在